实验性工业设计系列教材

产品与移动·行为心理与操控设计

陈苑 编著

中国建筑工业出版社

图书在版编目（CIP）数据

产品与移动·行为心理与操控设计：汉、英/陈苑编著．—北京：中国建筑工业出版社，2014.6
实验性工业设计系列教材
ISBN 978-7-112-16647-3

Ⅰ.①产… Ⅱ.①陈… Ⅲ.①汽车-驾驶室-装饰设计-教材 Ⅳ.① U472

中国版本图书馆 CIP 数据核字（2014）第 063827 号

本教材主要面向交通工具室内设计（内饰设计），所涉及的知识面较宽（包括人类学、行为学、工效学、认知心理学、社会学、美学、汽车工程学、质量管理学等多方面内容），理论性和实践性兼顾，由点到面、由表及里。内容涵盖：行为的概述、操控工效学的概述、汽车室内硬件设计要素、感官体验设计要点、发现问题的方法和操控与可用性评价，以及适合于教学示范的学生作业案例，内容包含：行为观察的练习、发现问题的练习、可用性评价/解决方案和综合练习等详细实验研究过程。

教材的内容编写既汲取了在设计与研究领域具有世界先进水平的美国、德国、日本等国的专业理论和技术信息，又结合了现代社会和人类发展的实际情况，具有国际化的视野和专业化的内容。通过该课程的教学，可以拓宽学生的认知涉猎面，提升学生的思维境界，快速发现问题并准确给出解决提案。本教材还提供了双语教学的主要内容，供同行参考借鉴。

本书可作为广大工业设计专业本科学生的专业教材或辅助教材；对高校工业设计相关专业教师的教学工作也具有较好的参考价值。

责任编辑：吴　绫　李东禧
责任校对：姜小莲　刘梦然

实验性工业设计系列教材
产品与移动·行为心理与操控设计
陈苑　编著

*

中国建筑工业出版社出版、发行（北京西郊百万庄）
各地新华书店、建筑书店经销
北京嘉泰利德公司制版
北京画中画有限公司印刷

*

开本：787×1092毫米　1/16　印张：$9\frac{1}{4}$　字数：230千字
2014年5月第一版　2014年5月第一次印刷
定价：45.00元
ISBN 978-7-112-16647-3
（25433）

版权所有　翻印必究
如有印装质量问题，可寄本社退换
（邮政编码　100037）

"实验性工业设计系列教材"编委会

（按姓氏笔画排序）

主　编：王　昀

编　委：卫　巍　马好成　王　昀　王菁菁　王梦梅
　　　　刘　征　严增新　李东禧　李孙霞　李依窈
　　　　吴　绫　吴佩平　吴晓淇　张　煜　陈　苑
　　　　陈　旻　陈　超　陈斗斗　陈昇子　陈晓蕙
　　　　武奕陈　周　波　周东红　苟小翔　徐望霓
　　　　殷玉洁　康　琳　章俊杰　傅吉清　雷　达

序 一

今天，一个十岁的孩子要比我们那时（20世纪60年代）懂得多得多，我认为那不是父母亲与学校教师，而是电视机与网络的功劳。今天，一个年轻人想获得知识也并非一定要进学校，家里只需有台上了网的电脑，他（她）就可以获得想获得的所有知识。

联合国教科文组织估计，到2025年，希望接受高等教育的人数至少要比现在多8000万人。假如用传统方式满足需求，需要在今后12年每周修建3所大学，容纳4万名学生，这是一个根本无法完成的任务。

所以，最好的解决方案在于充分发挥数字科技和互联网的潜力，因为，它们已经提供了大量的信息资源，其中大部分是免费的。在十年前，麻省理工学院将所有的教学材料都免费放到网上，开设了网络公开课。这为全球教育革命树立了开创性的示范。

尽管网上提供教育材料有很大好处，但对这一现象并不乏批评者。一些人认为：并不是所有的网络信息都是可靠的，而且即便可信信息也只是真正知识的起点；网络上的学习是"虚拟的"，无法引起学生的注目与精力；网络上的教育缺乏互动性，过于关注内容，而内容不能与知识画等号等等。

这些问题也正说明传统大学依然存在的必要性，两种方式都需要。99%的适龄青年仍然选择上大学，上著名大学。

中国美术学院是全国一流的美术院校，现正向世界一流的美术院校迈进。

在20世纪1928年的3月26日，国立艺术院在杭州孤山罗苑举行隆重的开学典礼。时任国民政府教育部长的蔡元培先生发表热情洋溢的演说："大学院在西湖设立艺术院，创造美，以后的人，都改其迷信的心，为爱美的心，借以真正完成人们的美好生活。"

由国民政府创办的中国第一所"国立艺术院"，走过了85年的光阴，经历了民国政府、抗日战争、解放战争、"文化大革命"与改革开放，积累了几代人的呕心历练，成就了一批中华大地的艺术精英，如林风眠、庞薰琹、赵无极、雷圭元、朱德群、邓白、吴冠中、柴非、溪小彭、罗无逸、温练昌、袁运甫……他们中间有绘画大师，有设计理论大师，有设计大师，有设计教育大师；他们不仅成就了自己，为这所学校添彩，更为这个国家培养了无数的栋梁之才。

在立校之初林风眠院长就创设了图案系（即设计系），应该是中国设立最早的设计专业吧。经历了实用美术系、工艺美术系、工业设计系……今天设计专业蓬勃发展，已有20多个系科、40多个学科方向；每年招收本科生1600人，硕士、博士生350人（一所单纯的美术院校每年在校生也能达到8000人的规模）；就读造型与设计专业的学生比例基本为3：7；每年的新生考试基本都在6万多人次，去年竟达到了9万多人次。2012年工业设计专业100名毕业生全部就业工作。在这新的历史时期，中国美术学院院长提出："工业设计将成为中国美术学院的发动机"。

这也说明一所名校，一所著名大学所具备的正能量，那独一无二的中国美术学院氛围和学术精神，才是学子们真正向往的。

为此，我们编著了这套设计教材，里面有学识、素养、学术，还有氛围。希望抛砖引玉，让更多的学子们能看到、领悟到中国美术学院的历练。

赵阳于之江路旁九树下

2013年1月30日

序 二 实验性的思想探索与系统性的学理建构

在互联网时代,海量化、实时化的信息与知识的传播,使得"学院"的两个重要使命越发凸显:实验性的思想探索与系统性的学理建构。本次中国美术学院与中国建筑工业出版社合作推出的"实验性工业设计系列教材"亦是基于这个学院使命的一次实验与系统呈现。

2012年12月,"第三届世界美术学院院长峰会"的主题便是"继续实验",会议提出:学院是一个(创意)知识的实验室,是一个行进中的方案;学院不只是现实的机构,还是一个有待实现的方案,一种创造未来的承诺。我们应该在和社会的互动中继续实验,梳理当代艺术、设计、创意、文化与科技的发展状态,凸显艺术与设计教育对于知识创新、主体更新、社会革新的重要作用。

设计本身便是一种极具实验性的活动,我们常说"设计就是为了探求一个事情的真相"。对真相的理解,见仁见智。所谓真相,是针对已知存在的探索,其背后发生的设计与实验等行为,目的是为了找到已知的不合理、不正确、未解答之处,乃至指向未来的事情。这是一个对真相的思辨、汲取与认识的过程,需要多种类、多层次、多样化的思考,换一个角度说:真相正等待你去发现。

实验性也代表着一种"理想与试错"的精神和勇气。如果我们固步自封,不敢进行大胆假设、小心求证的"试错",在教学课程与课题设计中失却一种强烈的前瞻性、实验性思考,那么在工业设计学科发展日新月异的当下,是一件蕴含落后危机的事情。

在信息时代,除了海量化、实时化,综合互动化亦是一个重要的特征。当下的用户可以直接告诉企业:我要什么、送到哪里等重要的综合性信息诉求,这使得原本基于专业细分化而生的设计学科各专业,面临越来越多的终端型任务回答要求,传统的专业及其边界正在被打破、消融乃至重新演绎。

面向中国高等院校中工业设计专业近乎千篇一律的现状,面对我们生活中的衣、食、住、行、用、玩充斥着诸如LV、麦当劳、建筑方盒子、大众、三星、迪斯尼等西方品牌与价值观强植现象,中国的设计又该何去何从?

中国美术学院的设计学科一直致力于探求一种建构中国人精神世界的设计理想,注重心、眼、图、物、境的知识实践体系,这并非说平面设计就是造"图"、工业设计与服装设计就是造"物"、综合设计就是造"境"，实质上，它是一种连续思考的设计方式，不能被简单割裂，或者说这仅代表各个专业回答问题的基本开场白。

我们不再拘泥于以"物"为区分的传统专业建构，比如汽车设计专业、服装设计专业、家具设计专业、玩具设计专业等，而是从工业设计最本质的任务出发，研究人与生活，诸如：交流、康乐、休闲、移动、识别、行为乃至公共空间等要素，面向国际舞台，建立有竞争力的工业设计学科体系。伴随当下设计目标和价值的变化，新时代的工业设计不应只是对功能问题的简单回答，更应注重对于"事"的关注，以"个性化大批量"生产为特征，以对"物"的设计为载体，最终实现人的生活过程与体验的新理想。

中国美术学院工业设计学科建设坚持文化和科技的双核心驱动理念，以传统文化与本土设计营造为本，以包豪斯与现代思想研究为源，以感性认知与科学实验互动为要，以社会服务与教学实践共生为道，建构产品与居住、产品与休闲、产品与交流、产品与移动四个专业方向。同时，以用户体验、人机工学、感性工学、设计心理学、可持续设计等作为设计科学理论基础，以美学、事理学、类型学、人类学、传统造物思想等理论为设计的社会学理论基础，从研究人的生活方式及其规划入手，开展家具、旅游、康乐、信息通信、电子电器、交通工具、生活日常用品等方面产品的改良与创新设计，以及相关领域项目的开发和系统资源整合设计。

回顾过去，本计划从提出到实施历时五年，停停行行、磕磕绊绊，殊为不易。最初开始于2007年夏天，在杭州滨江中国美术学院校区的一次教研活动；成形于2009年秋天，在杭州转塘中国美术学院象山校区的一次与南京艺术学院、同济大学、浙江大学、东华大学等院校专业联合评审会议；立项于2010年秋天，在北京中国建筑工业出版社的一次友好洽谈，由此开始进入"实验性工业设计系列教材"实质性的编写"试错"工作。事实上，这只是设计"长征"路上的一个剪影，我们一直在进行设计教学的实验，也将坚持继续以实验性的思想探索和系统性的学理建构推进中国设计理想的探索。

王昀撰于钱塘江畔
壬辰年癸丑月丁酉日（2013年1月31日）

前　言

"行为心理与操控设计"是一门跨学科的专业设计课程，因此课程教学与课件准备的过程是相当艰难而辛苦的。目前在国内已出版的专业教材中鲜见跨度如此之大的教材范本，即使是较为类似的汽车人机工学教材中也只涉及硬件设计和机械设计的部分内容，而对于人的行为与认知、需求与问题以及解决问题的有效方法几乎没有关联。此外，对于汽车内饰设计同样重要的视觉心理需求以及汽车操控性与室内空间关系设计、操控与可用性评价方面也很少综合地出现在教材中。编写过程中，笔者吸取了多领域的外版教材精华，所涉及的内容包括美国、德国、日本等国家在工商管理领域的消费者行为学理论、人因工程方面的数据与理论、用户体验理论、汽车工效学及汽车工程学的理论，结合汽车硬件设计理论的解析，以质量管理学领域里发现问题的方法、操控与可用性评价的知识架构，整理和概括出一套符合教学大纲要求的教程与方法，经过笔者三年来不断扩充和修改调整，无论是理论内容、教学方法或是教学成果都令人刮目相看，学生们普遍反映收获颇丰。

汽车驾驶可以称之为人—机相互作用的典范，驾驶汽车彰显人与工程系统相互作用的本质意义。因此，汽车设计的研究，首先要对人—机系统提出共同的任务和共同的目标。扩大人—机接口对人—机相互作用特别重要，它表示任务的完成程度或目标的实现程度。从概念层面来说，驾驶汽车的人—机系统的基本要求是安全、经济和有效；从功能层面上来说主要是安全性和舒适性；就安全性而言，作为优越的人—机系统性能就是强调它的操控性能和整个系统的实际工作能力，能够辅助驾驶人并提高安全性；而就舒适性而言，既要注意减轻驾驶人负担和提高使用价值，又不能使驾驶人太放松而出现驾驶操控的单调乏味和走神的危险。为设计有效、高能的人—机相互作用，需要回答多学科范围的一些技术和工程问题。特别重要的是针对人方面的行为学、人体学、功效学和认知科学以及工程、技术方面的系统工程，其中操纵和控制受到特别重视。

在"驾驶人—汽车"的人—机系统和在必要的相互作用中，这是一个在概念层面上、在总系统定义的边界以内的任务分配，涉及接收和评定总系统环境信息和总系统过程信息，并由此得到工程系统和驾驶人相互配合中的反应。行为与操控的设计研究也适用于在总的系统设计中不断建立最佳的信息流。基于这个原因，在本教材中首先要研究驾驶人在驾驶汽车时的基本行为需求和工作任务；其次是研究"驾驶人—汽车—环境"系统；再次是对研究成果的可用性评价与反思；最后是笔者三年来在"行为与操控设计"课程教学中积累的教学成果（课题练习）案例，供本校及相关高校的交通工具设计专业三年级以上学生特别是艺术院校交通工具设计专业的学生学习和参考。

为顺应国际化教学的必然发展趋势，笔者尝试将本教材部分章节和关键词采用双语编写，意在使学生在课程学习过程中潜移默化地接受国际化的思维训练，以期适应将来真正的双语专业学习和工作，也为未来能够尽早适应在华汽车及其他交通工具制造外企的工作环境打下良好的基础。

教材中大部分自绘插图、表格以及图片资料搜集由本人完成。本课程教学过程中得到了笔者的外籍硕士学生阿图鲁（DAMZ，助教）的大力支持，在课程设计和内容编排上给出了一些国际化的建议和帮助。教材中小部分自绘插图以及图片资料搜集由笔者的硕士学生朱自瑛、郑潜完成，在此一并表示感谢！

鉴于笔者的知识和能力局限，教材必定存在不足与问题，在推而广之的过程中恳请得到各界专业人士的批评指正。

目 录

序一
序二　实验性的思想探索与系统性的学理建构
前言

第一章　行为的概述

1.1　行为的概念 \ 002

1.2　行为分析的基本方法 \ 003

1.3　操控行为的影响要素 \ 004

1.4　行为与性别、年龄（驾龄/里程数）\ 004

1.5　行为与目标、环境 \ 006

1.6　行为与文化/亚文化 \ 009

第二章　汽车工效学的概述

2.1　工效学定义 \ 016

2.2　工效学及汽车工效学的意义 \ 017

2.3　汽车工效学所涉及的研究范畴 \ 017

2.4　人体测量 \ 018

2.5　测量数据应用——百分比/百分位概念 \ 027

2.6　眼椭圆与操控视野 \ 029

2.7　汽车室内设计的基准H点概念 \ 032

第三章　硬件设计要素

3.1　车身室内设计的H点及人体的布置 \ 035

3.2　驾驶员座椅设计 \ 037

3.3　操控界面设计 \ 045

第四章	感官体验设计要点

  4.1　感觉与认知概念 \ 056

  4.2　硬件的视觉效果 \ 057

  4.3　硬件的听觉效果 \ 066

  4.4　硬件的触觉效果 \ 067

第五章	发现问题的方法

  5.1　行为观察法 \ 070

  5.2　Ishikawa法 \ 070

  5.3　5WHY分析法 \ 074

  5.4　行为观察法/鱼骨图分析法/5WHY法的相互关系 \ 076

  5.5　鱼骨图和5WHY法在工业设计领域的应用实例 \ 077

  5.6　驾驶舱的行为与操控问题的分析与解决 \ 080

第六章	操控与可用性评价

  6.1　可用性 \ 081

  6.2　可用性评价 \ 086

第七章	作业案例

  7.1　行为观察的练习 \ 090

  7.2　发现问题的练习 \ 102

  7.3　可用性评价及解决方案 \ 111

  7.4　综合设计练习 \ 123

参考文献 \ 133

第一章　行为的概述
AN OVERVIEW OF THE BEHAVIOR

【本章要点】
1. 行为的概念
2. 行为分析的基本方法
3. 操控行为的影响要素
4. 行为与性别、年龄（驾龄/里程数）
5. 行为与目标、环境
6. 行为与文化/亚文化

"一开始就做产品是不对的，前端考虑应占产品开发时间的90%。"——日本设计师村田智明（Chiaki Murata）。过去的产品设计通常只考虑形式及颜色，但现在必须重视使用者在什么情况下使用（Under what circumstances）、如何使用（How to use）、使用多久（How long）以及在使用的时间轴里发生了什么事（What happened）。重视时间构面（Time dimensions），也会让商品开发人员设想未来，有助环保产品（Environmentally friendly products）的开发。

产品设计与行为和环境研究是密不可分的，因为任何产品都要通过使用来产生价值，而任何产品都存在于环境之中，并构成环境的一部分。一方面产品必须正确反映人类的使用行为，另一方面又给人类的行为和生活方式带来制约和改变。因此，在进行产品设计之前，首先要通过行为学研究，并借助环境心理学的研究成果，来了解人类行为的特性，并通过观察体验和分析思考，最终产生合乎人类行为和存在方式的设计提案。由此，我们提出本教材的中心思想：

从人的行为入手，研究使用者的行为需求，再决定如何设计产品。
Human behavior research start from the user behavior needs, and then decide how to design products.

1.1 行为的概念（Behavior concept）

1.1.1 行为（Behavior）

行为是人的心理活动和潜在意识的外化，而这种从身体自然状态以及设计要求派生出来的行为特征不是仪器可以测定出来的。

Behavior is the externalization of the mental activities and subconscious mind, and the behavioral characteristics derived from the natural state of the body and design requirements can not measured out by the instrument.

1.1.2 使用行为（Usage behavior）

人类制造和使用工具，从而构成了物与人的关系，并通过行为表现出来。使用行为是操作、认知和感性的综合。

Human manufacture and use tools, which constitutes a material relationship with the people, and manifest through the behavior. The behavior of use is the integration of operation, cognition and sensibility.

1.1.3 操控行为（Controlling behavior）

对应于交通工具的操控行为，是基于人们出行的基本需求之上、追求更高层次的感性价值，即"彰显尊贵"或"自我实现"的价值体现。在心理学家亚伯拉罕·马斯洛（Abraham Maslow）的需要层次理论中，人的需要从生理（Physiological）、安全（Safety）、社交（Social）、尊重（Esteem）、到自我实现（Self-actualization），由低层次需要逐步升级为高层次需要。上述行为应该归于较高层次需要（图1-1）。

1.1.4 有意识的行为（Conscious behavior）

也就是行动，指行动心理的、受周边环境影响的认知反应；受思想支配而表现出来的外表活动。

Activity or conduct, which means psychological, cognitive effects by the reaction of the surrounding environment.

1.1.5 无意识行为（Unconscious behavior）

也就是潜意识行为（习性），是生理的，与生俱来的。无意识行为是没有经过主观分析判断而做出的一种本能行为。下意识和潜意识行为都属于无意识行为。

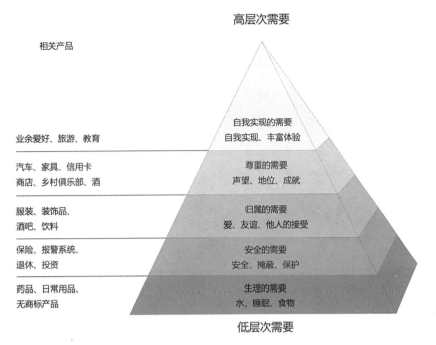

图1-1
马斯洛需要层次理论的各级需要
（图片来源：自绘）

Unconscious behavior（Habits）, physiological, innate.

1.2 行为分析的基本方法（The basic method of behavior analysis）

1.2.1 行为观察法（Behavioral observation）

由观察者设定相关要素进行测定的试验观察法，即使用状态下进行的自然观察法，观察者作为普通用户一员加入其中的体验观察法，由复数观察者从不同侧面加以观察的有组织观察，以及作为辅助手段的谈话法和量化分析、评价方法等。

对产品使用行为的观察，可以引发我们对诸如产品环境问题、人与使用环境的关系、空间效用的问题对人与人的关系影响以及社会效应等方面的思考，通过对行为表象的成因解析，找到设计上的问题点和解决答案。

1.2.2 会话、记录（Conversation / Recording）

会话和记录也是行为观察法的必要手段，通过对目标群体的有意识行为和无意识行为的观察、会话和记录，可以得到有益的线索，并从中产生新的设计创意。

1.3 操控行为的影响要素（Impact factors of controlling behavior）

操控行为主要受到有意识行为和无意识行为影响。

1.3.1 机动车驾驶员的主要行为（有意识行为/有目的行为）[The main act of motor vehicles' drivers（act of conscious / intentional acts）]

1.用手和脚操纵各种操纵装置以驾驶车辆；

To manipulate a variety of control mechanism by hands and feet to drive a vehicle;

2.用眼睛观察行驶前方和周围情况，以及车辆的工作情况，监控它们的技术状态；

To observe the circumstances in front or in the surrounding as well as the working situation by eyes to monitor their technical condition;

3.确定合理而有效地完成作业任务的操作程序。

To determine the reasonable and efficient completion of tasks in the operation program.

1.3.2 人力车驾驶员的主要行为（有意识行为/有目的行为）[The main rickshaw driver behavior（conscious behavior / purposeful behavior）]

1.用手和脚操纵各种操纵装置以驾驶车辆；

To manipulate a variety of control mechanism by hands and feet to drive a rickshaw;

2.用眼睛观察行驶前方和周围的情况；

With the eye moving around the front and the situation;

3.控制自身发力以操纵车辆的运行速度和行驶方向变化。

Control their own force to manipulate the rickshaw's speed and direction of travel changes.

1.4 行为与性别、年龄（驾龄/里程数）[Behavior & gender/age（Driving experience/mileage）]

1.4.1 行为与性别（Behavior & gender）

1.4.1.1 机动车操控行为不同性别的表现区别（The difference between the performance of the motor vehicle manipulation of different genders）

1.男性：喜欢复杂多变的驾驶行为，喜欢驾驭手动、复杂操控装置；多见单手驾驶，主动型。

Men: like complex driving behavior, like driving manual, complex manipulation body;most of them driving by one hand, active.

2.女性：喜欢简单明了的驾驶行为，喜欢驾驭自动、快捷的操控装置；多见双手驾驶，被动型。

Women: like the simple act of driving, like driving automatic, efficient control devices;most of them driving by two hands, passive.

1.4.1.2　人力车操控行为不同性别的表现区别（The difference between the performance of the rick shaw manipulation of different genders）

1.男性：比较喜好前倾姿势驾驶，快速骑行，攻击型（图1-2）；

Male: good forward driving position, rapid cycling, attack （Figure 1-2）；

图1-2
男性喜好的骑车姿势
（图片来源：网络）

2.女性：比较喜好正姿（端坐）驾驶，中、慢速骑行，防守型（图1-3）。

Women: a good working posture （sitting） driving, the slow ride, defensive （Figure 1-3）.

图1-3
女性喜好的骑车姿势
（图片来源：网络）

第一章　行为的概述

图1-4
新驾驶员
（图片来源：网络）

1.4.2 行为与年龄（驾龄/里程数）[Behavior & age（Driving experience/mileage）]

机动车操控行为不同年龄（驾龄/里程数）的区别：
The difference of the motor vehicle manipulation of different ages（Driving experience/mileage）:

1.新驾驶员（0~1万公里）：双手紧握方向盘，双眼直视前方，全神贯注（图1-4）。

The new drivers（0-10 thousand kilometers experience）: hands clenched the steering wheel, eyes gazed forward, concentrate（Figure 1-4）.

图1-5
熟练驾驶员
（图片来源：网络）

2.熟练驾驶员（1万~10万公里）：单手或双手，自然状态，左右环视；自以为驾驶技术过关，行驶过程中经常有小动作（图1-5）。

The drivers（10-100 thousand kilometers experience）:one or both hands, comfortable and looking around.Consider the clear technic of the driver, during his driving process use to do other-manoeuvre or activities（Figure 1-5）.

3.老驾驶员（10万公里以上）：随意控制，眼观六路，耳听八方（图1-6）。

The experienced drivers（100 thousand kilometers or more experience）: random control, Big World, Vigilant（Figure 1-6）.

1.5 行为与目标、环境（Behavior & goal / environment）

1.5.1 行为与目标（Behavior & goal）

有意识行为都是有动机的行为。动机（motivation）是引导人们做出行为的过程。当消费者希望满足的需要被激活时，动机就产生了。一旦一种需要被激活，就有一种紧张的状态驱使消费者试图减轻或消除这种需要。这种需要可能是功利性（utilitarian）的（即希望达到某种功能性或

图1-6
老驾驶员
（图片来源：网络）

实用性的利益），也可能是享乐性（hedonic）的（即一种体验的需要，包括情绪反应或幻想）。这种希望达到的最终状态就是消费者的目标（goal）[①]。驾驶员作为车辆的消费者，在操控过程中，希望达到某种需要，如到达某个目的地（即功利性），或是驾驶操控的快感满足（即享乐性），构成了行为与目标的关系（图1-7）。

图1-7
行为与目标的关系
（图片来源：自绘）

1.5.2 行为与环境（Behavior & environment）

行为与环境的研究，属于心理学的范畴，最近在环境与建筑学的领域提出了"人类环境学"的概念，近乎环境·行为·设计研究（Environment·behavior·design studies），专门研究人类行为与物理环境的相互关系，研究有关人类的日常生活以及行为场所的形成、维持和更新的必要知识和方法，以改善和提高人们的生活品质。环境包括以下因素（图1-8）：

任何产品都存在于环境中，并构成环境的一部分。任何产品都需要通过使用来体现价值，一方面它必须正确反映人类的使用行为，另一方面也会给人类的行为以及生活方式带来制约和改变。

人放置于不同的环境中，其行为会因为环境的改变而改变。环境心理学对于环境领域的研究分类见表1-1。

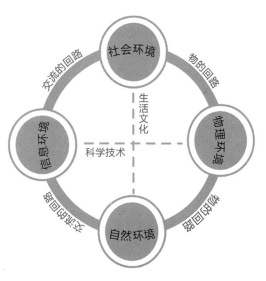

图1-8
环境因素
（图片来源：自绘）

---

① Michael R. Solomon. Consumer Behavior. 消费者行为学（第8版·中文版）. 卢泰宏，杨晓燕译. 北京：中国人民大学出版社，2009年第1版，2011年1月底6次印，P.106.

环境心理学对于环境领域的研究分类　　　表1-1

环境评价	环境的分类
环境知觉	观察环境的视点的不同
环境认知	直接发生关系的环境和其周边的认知、表现
人格与环境	通过性格评价的方法对环境性质的评价
关于环境抉择的方法	环境开发时对各方意见的采纳与选择方法
一般环境论	对环境问题的关注点分析和相关教育
环境感性的实质	听觉、嗅觉、温感的对应
生态学的心理学和行为环境的分析	与城市居住密度的关系
人类的空间行为	接近、距离
密度与人类行为	混杂场所的行为
居住环境中的行为要因	居住区、近邻的关系
各种场所中的行为要因	学校、医院、商场
户外休闲与对风景的反应	景观、休闲环境

（表来源：范圣玺著．行为与认知的设计——设计的人性化．）

美国的社会心理学家Hall·Edward通过对环境行为的研究，告诉我们人与人之间的距离概念（相互作用的4个空间区域）（表1-2）。

人与人之间的距离概念　　　表1-2

亲密区域	个体区域	社交区域	公众区域
0~18cm	18~48cm	48~144cm	144~300cm
新的关系	日常性标准空间	商务和交际	公示性场面和演讲

（表来源：范圣玺著．行为与认知的设计——设计的人性化．）

行为对应于移动交通工具的内环境，有以下分类（表1-3）。

行为对应于移动交通工具的内环境分类　　　表1-3

一次性	长时间个人和小团体的占有	私家车、政府专车
二次性	由约定俗成所规范，公私混用、多人多用	公务车、上下班接送车、校车
公共性	社会成员都可以利用，并且都是短时性占用	出租车、公交车、地铁、轮船、飞机

（表来源：自制）

1.6 行为与文化/亚文化（Behavior & Culture / Subculture）

文化的差异会带来行为的差异，因此文化和亚文化也应该成为我们在进行行为观察分析和设计实践时不能忽视的一点。

人的行为有些是与生俱来的，更多的是后天获得的，而后天获得的行为也受到生存环境里固有的文化的极大影响。产品使用行为是一个包含若干动作要素的动作系统，它表现的不只是生理的意义，还包含着深层次文化的意义，涉及价值观、社会规范、生活方式、象征、信息环境等内容。人与文化、环境共同构成了社会系统。在追求个性和多样性、高度国际化和信息化的今天，艺术设计在重视普遍性和功能性的同时，以更广泛的视角立足民族、传统、地域的土壤来关爱人类的生存和发展已成为一个需要考虑的现实问题。

而文化几乎包括了我们所接触的所有事物，它对人的影响无处不在，我们都在一个既定文化的范畴之中思考、行动、生活。在一般情况下，我们都不会意识到文化的存在，好比鱼意识不到水的存在，我们意识不到自己呼吸着空气一般。

一个社会中绝大多数成员所接受的价值观形成这个社会的主流文化，文化并不会对某一个个体应该做什么、不应该做什么做出明确指示，它给个体行为提供的是一个大框架，这也是我们平时所谓的社会行为规范。我们的家庭、学校、公司以及各种社会组织都是社会规范得以落实体现的地方。当然，文化是一个非常综合的概念，它影响个体各个方面的行为，从广义上分，文化价值观可以大致分为三个方面：他人导向的价值观、环境导向的价值观、自我导向的价值观（图1-9）。

他人导向价值观反映社会对于个体之间，群体与个体之间，群体与群体之间的关系。一个社会是倾向于集体的合作还是个人的个性化体现，往往都会对社会中每一个个体的行为规定类似的框架。霍夫泰斯发现，美国、澳大利亚、英国、加拿大等国家的文化特别强调个人主义，而中国、韩国、墨西哥、日本的文化更加注重集体主义。在以美国为代表的国家里，类似于"与众不同"、"超越极限"之类的主题可以激励社会中的各个类别的人群，包括在校学生、公司职员等，而在以日、韩为代表的国家中，

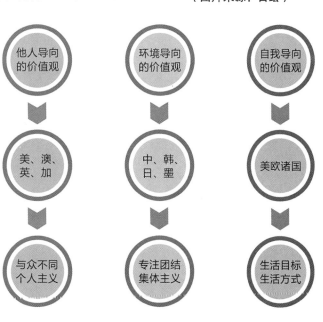

图1-9
三种不同的文化价值观
（图片来源：自绘）

"执行力"、"专注"、"团结"等字眼才是每个个体信奉的准则。

环境导向价值观反映了社会对其政治、经济、技术以及相关物质环境方面之间关系的看法。财富、地位等是与个体的能力挂钩还是取决于个人的出身、所处社会等级？一个产品的价值在于它的功能因素还是品牌影响力？在一个地位和等级取向的社会中，产品若是满足了用户的基本需求，那么产品的价格以及品牌影响则是购买驱动力的核心因素，在日本、菲律宾、马来西亚以及大部分阿拉伯国家，著名品牌通常被认为是尊贵气质的象征而受到众多消费者的追捧。

以自我为导向的价值观体现了其社会成员所认同并追求的一种生活目标、生活方式。美国人在生活和工作中倾向于以"行动"为导向的积极生活态度，他们日常的行为更加倾向于身体技能的运用，因此相比于欧洲各地的居民，美国人更加注重身体锻炼，相关运动健身的产业也得到了相应的发展。社会各方面不断发展，在对于工作的态度上也与原先不尽相同，在基本经济需求得到满足过后，人们除了努力工作之外还开始有了休闲娱乐的选择，在许多地方也许工作被认为是一种负担、压力、无可奈何，而在欧洲的许多国家，工作则被认为是生活的一部分，在那样的一些国家中，类似像快餐这样具有典型特色的缺少劳动附加值的产品很少受到消费者的青睐。

1.6.1　行为与文化（Behavior & culture）

文化是社会的个性，它塑造我们作为个人的身份。而文化又决定着行为的总体偏好。

文化不是静态的，它总是在发展，并不断把旧的思想与新的思想结合起来。按照迈克尔·R·所罗门的理论，文化系统包含以下三个功能领域（图1-10）。

1.均衡系统（ecology system）：指一个系统适应其环境的方式，即一种文化用来获取和分配资源的技术塑造了它的均衡系统。以中国为例，百姓出行以自行车和公共交通为主要代步工具为佳，因为中国是个人口大国，公共空间分摊较少。

2.社会结构（social structure）：就是维持有序社会生活的方式，包括文化中占据主导地位的家庭和政治团体。

3.意识形态（ideology）：指人们的精神特征及其与环境和社会团体的联系方式。意识形态围绕着一个观点，即社会成员拥有共同的道德和审美原则。

图1-10
文化系统三大功能领域
（图片来源：自绘）

价值观（values）和法律准则（enacted norms）产生了规范和准则，而一些难以界定的准则，则是通过习俗（custom）、伦理（ethics）和惯例（convention）（统称为"成长准则"）共同作用，完整而详细地说明了特定文化（如中国文化）认可的行为。

1.6.2 行为与亚文化（Behavior & Subculture）

亚文化（Subculture）是一种群体，其成员具有与其他群体相区别的共同信仰和经历。每个人都从属于多个亚文化。其成员取决于年龄、种族、民族背景或居住地点。例如中国有不同的地理区域，有各种不同的方言和习俗，有56个民族，有各种各样的宗教团体。即使是汉族，同过一个节日，因为宗教不同，做法也不尽相同，比如大部分区域过重阳节是登高望远，吃重阳糕，喝菊花酒，而某些地方的群众也有利用重阳登山的机会，祭扫祖墓，纪念先人。莆仙人以重阳祭祖者比清明为多，故俗有以"三月为小清明，重九为大清明"之说。由于莆仙沿海，九月初九也是妈祖羽化升天的忌日，乡民多到湄洲妈祖庙或港里的天后祖祠、宫庙祭祀，求得保佑。消费者的生活方式会受到其所属亚文化群体的影响。

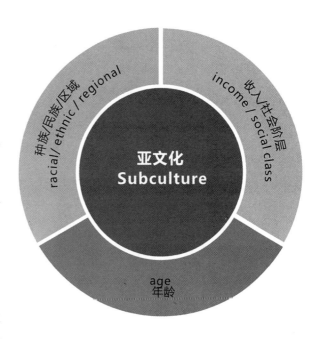

图1-11
亚文化三大内容
（图片来源：自绘）

具体来说，亚文化包含了三个方面的内容（图1-11）。

1. 收入和社会阶层亚文化（Income and social class subculture）

不论在何种文化中，社会等级都会存在，人们获得的教育、职业、收入、继承（民族、父母的地位）等综合因素影响着他们的社会地位，在不同社会等级中的人由于其教育程度不同以及工资收入差异的影响，他们的基本需求以及生活方式也不尽相同。因此，不同收入以及社会阶层会导致休闲活动上的差异、购买指向上的差异、购物行为上的差异以及对信息接收和处理上的差异。

收入的高低会直接决定人们购买商品的性质和档次，类似LV、GUCCI等品牌从来就是以高收入群体为目标的商品，营销者需要考虑的是这个人群特有的一些特征，研究他们的一些精神和社交上的需求；除了直接的物质收入因素之外，社会阶层中的人们会接触到属于这个阶层特有的信息和理念，这决定了他们看待事物的眼光，比如古玩瓷器、古典字画类的商品在市场上种类繁多，价格各异，购买此类

第一章　行为的概述

商品的消费者主要包括受过一定教育抑或是接触过相关事物并有一定文化底蕴的人群。

2. 种族、民族和区域亚文化（Racial, ethnic and regional culture）

种族、民族和区域亚文化主要建立在一个大文化的背景之下，一个广义上的大文化对于消费者的行为影响主要体现为一种一致性，而在亚文化的影响之下，每个亚文化群体之间虽然表现出更高的一致性，但各个亚文化群体之间的差异性却显现出来，一个国家、一个民族历史越是悠久，文化越是灿烂，其中的亚文化也一定各有特色。每个亚文化会表现在群体不同的消费模式以及理念中。

在消费者首选体验指标中，地域的文化、经济、风速、历史对消费者体验领域有着重要的影响，以中国的北京、上海、广州为研究对象，可以很好地观察当地亚文化的影响：北京历史悠久，同时又是政治中心，不断接收现代化信息，北京人拥有高远的眼光和广阔的胸怀；作为海派文化的上海由于其过去数十年的特殊历史，上海人追求时尚、品位，并且对本土文化拥有高度自信；广州作为中国改革的前沿，是对外经商贸易的重点地区，在这里中外文化交流频繁，这使得广州人拥有接纳百川的胸襟，崇尚自由、休闲，并且敢打敢拼。对于大部分北京消费者而言，"旅游"是他们的第一位体验，其次是"购物"体验，反观上海消费者，"购物"体验则成了第一位，其次是"娱乐"体验，广州消费者群体与北京相似。不同地域的人对体验领域选择的倾向性不同，说明了当地的经济、文化等因素是影响消费者行为模式的直接要素。

区域消费行为差异既包含购买力的差距，也包含非经济因素的区域消费文化差异，其影响因素又可分为经济因素和非经济因素，如图1-12所示的是经济因素差异。

图1-12
区域消费差异的影响要素
（图片来源：自绘）

3. 年龄亚文化（Age subculture）

年龄为基础的亚文化是指经历过共同的政治、历史、经济条件下的一个群体，由于相似的社会背景，他们具有相似的行为，认同相似的价值观，我们很容易从字面上理解这一含义，不同年龄层的人都有其年龄段特有的生活方式，追求不同的生活体验，也有着自己的消费模式；同时，通过对年龄群体的研究，我们可以发现每一代人在其各个年龄段的行为、认知、价值观与其他各代人所处相同年龄段时期的表现也是不尽相同的。

研究发现，年龄会对消费者的品牌偏好产生重要影响，个体在某个年龄段会对某类商品有长时间的偏好，消费者的消费决策过程就是一个信息接收加工处理的过程，年龄亚文化对消费者的影响一定程度上也是不同年龄段消费者的信息处理能力对购买决策的影响。老人群体和儿童群体由于其记忆加工的局限性使他们不能很好地处理信息，不如其他群体能更好地完成决策过程；青少年群体如今是购买决策群体中重要的组成部分，在中国尤其突出，他们接受外界信息的速度快、影响大，喜欢追随潮流，大部分是独生子女，受父母宠爱，因此他们的购买欲多半受到父母的大力支持，研发机构通常会把大部分研究都集中在这个群体上（图1-13）。广告是消费者获得信息的重要途径，也是消费者购买决策的重要因素，营销者不断在广告中加入各种听觉、视觉等信息，让消费者产生深刻印象。而中年群体则是社会中收入最高、消费最大的群体，这个群体消费经验丰富，他们购买产品决策的过程相对理性，从价格、功能、实用、品牌等各方面因素充分考虑。

图1-13
年龄亚文化——汽车消费群体
（图片来源：自摄）

4.东/西方亚文化的行为区别（Behavior difference between East and West Asia subculture）

西方人在行为前首先思考事理的"对/错"，该不该做。与西方人不同，中国人在行为前的思维架构一般以"怎么做"为主，并且相信事在人为，即使是坏事通过努力也可以变成好事。中国人的行为也以"中庸"的实践思维为主导。

文化影响着汽车设计师的价值观和行为，他们决定车型的外观和内饰时也是如此。欧美国家通常在设计之前缜密调查，直到有十足市场把握才付诸行动；而中国则不同，中国人相信即使众口难调，只要面面俱到，总有一款适合你。例如奥迪Q3，进口车整个价格跨度从38万到48万只有三种配置，而国产化后价格从29万到43万，价格跨度大，配置更是细化到六种。

中国设计师在考虑汽车设计时通常考虑用户人群细分，并且通常把车型及配置极度细化，更新节奏非常快，就像手机的翻新速度一样，因为他们相信，中国人口基数足够大，每一个细分的产品总会有一个用户群喜欢。这种中国的亚文化就是西方亚文化所不具备的内容。

第二章 汽车工效学的概述
SUMMARY OF AUTOMOBILE ERGONOMICS

【本章要点】

1.工效学定义

2.工效学及汽车工效学的意义

3.汽车工效学所涉及的研究范畴

4.人体测量

5.测量数据应用——百分比/百分位概念

6.眼椭圆与操控视野

7.汽车室内设计的基准H点概念

由于理解和研究的侧重点不同,各国对工效学采用了不同的名称,如:人机学、人体工程学、人类因素学及工效学等。工效学涉及的相关学科有:机械学、传热学、机械动力学、摩擦学、汽车力学、地面车辆力学、燃烧学、机构学、机械制图、工程热力学、人机工程学、系统工程学。工效学是一门综合性的学科,它吸收了解剖学、生理学、心理学、卫生学、工程学、统计学、社会学等学科的理论技术和知识,形成了本门学科的特点。

工效学是根据人的心理、生理和身体结构等因素,研究人、机械、环境相互间的合理关系,以保证人们安全、健康、舒适地工作,并取得满意的工作效果的机械工程分支学科。工效学吸收了自然科学和社会科学的广泛知识内容,是一门涉及面很广的边缘学科。在机械工业中,工效学着重研究如何使设计的机器、工具、成套设备的操作方法和作业环境更适应操作人员的要求。

工效学在人—机环境系统的研究中,经历了人适应机、机适应人、人机相互适应几个阶段,现在又已深入人、机、环境三者协调的人—机—环境系统。在系统内,从单纯研究个人生理和心理特点,发展到研究怎样改善人的社会性因素。随着市场竞争的加剧和生产水平的提高，工效学在汽车及其他交通工具产品的设计和制造中的应用也更加广泛和深入。

2.1 工效学定义（Ergonomic definition）

工效学Ergonomics原出自希腊文"Ergon"，即"工作、劳动"和"nomos"即"自然规律"，也即探讨人们劳动、工作效果、效能的规律性。

From Greek ergon, meaning "work", and nomos, meaning "natural laws".

国际工效学组织对"工效学"有如下定义："工效学（或人因学）关注的是对人与系统中其他要素之间相互作用的理解，以及用专业理论、原则、数据、方法来进行设计应用，以优化人类和整个系统的工作效能"。

The International Ergonomics Association defines ergonomics as follows:

"Ergonomics (or human factors) is the scientific discipline concerned with the understanding of interactions among humans and other elements of a system, and the profession that applies theory, principles, data and methods to design in order to optimize human well-being and overall system performance".

工效学（Ergonomics）是研究人－机器设备－工作环境系统中三者之间关系，使之达到协调和统一的一门综合性实用学科。研究的目的是使各种作业的生产方式、操作方法和劳动休息制度适合于人的身体条件和要求，保证人在工作中的安全、健康和舒适，使人不仅在短时间内有效地工作，而且在长时期内也不致出现对健康的影响。

在人─机系统中，人体各部分的尺寸，人的视觉和听觉的正常生理值，人在工作时的姿势，人体活动范围、动作节奏和速度，劳动条件引起工作疲劳的程度，以及人的能量消耗和补充；机器的显示器、控制器（把手、操纵杆、驾驶盘、按钮的结构形式和色调等）和其他与人发生联系的各种装备（桌、椅、工作台等）；所处环境的温度、湿度、声响、振动、照明、色彩、气味等都会影响人的工作效率。而工效学正是研究它们之间的关系的。工效学还研究人的工作行为和产生行为差异的各种因素，这些因素包括：年龄、性别、个人的智力和文化技术水平、工作兴趣和工作动机、性格特点、工作情绪等主观因素。同时，工效学还研究所处环境、设备性能、工作条件等客观因素，以及人群关系、组织作风等社会性因素。这些因素使人的能力互不相同，对系统的适应程度也各有差异。

工效学还强调人有产生错误行为的可能性，良好的人—机—环境系统有助于减少操作人员失误的客观因素，并有利于预防和减少由于主观因素或社会性因素造成的失误。

2.2 工效学及汽车工效学的意义（Ergonomics and automotive ergonomics meaning）

工效学改变了单纯依靠直观和感觉设计的弊端，为产品设计提供了理性的依据，降低了操作性问题的发生概率。应该注意的是，在工效学基础数据的基础上，实际使用行为的观察也是有必要的步骤，用以修正理论模型。通过工效学的学习，设计师可以明白健康、生产、安全产品和易于使用与我们设计密切相关，关注产品使用行为中感性和认知层面的问题是十分重要的，并在用户和所设计的产品之间的界面或室内环境设计时必须确保舒适、安全和高效。

应用于汽车操控和乘坐的工效学设计研究，称为汽车工效学（Automotive Ergonomics）。主要研究汽车驾驶员和乘员人体因素的最佳适应和容纳问题，也就是利用工效因素解决汽车内部设计中的空间问题和人机界面问题。

汽车工效学比一般产品的功效学研究要更进一步，因为汽车作为动态产品，坐在里面的驾驶员或乘员的动作都是在汽车运行过程中进行的。理想状态下，汽车匀速行驶状态下人与内饰相对静止，而加速或减速状态下人与内饰有相对运动。事实上即使匀速运动也只是相对匀速，因为汽车行驶过程中还会因为路面高低不平、坡度改变、路面侧向倾斜、拐弯离心倾斜、风力等影响发生车体晃动，因此可以说汽车工效学应该考虑很多动态的不定因素。特别是驾驶员，操纵控制按钮或是操纵装置，都是在动态的车厢里进行的，并且是要在眼观六路、耳听八方的情况下进行，所以对于汽车工效学来说，仅仅包含一般的工效学内容是远远不够的，还应加入更多的复杂动态内容。

2.3 汽车工效学所涉及的研究范畴（The study category in automobile ergonomics）

就汽车设计领域而言，工效学所涉及的主要内容有以下几个方面（图2-1）：

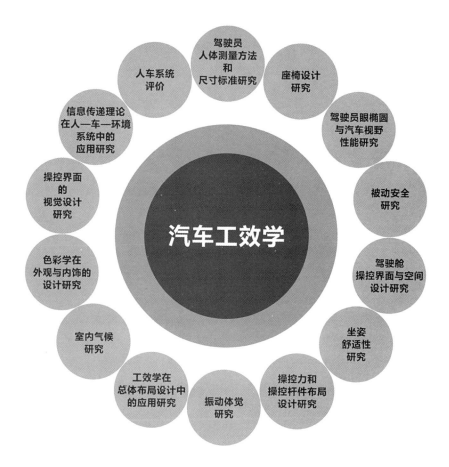

图2-1
汽车工效学内容
（图片来源：自绘）

2.4 人体测量（Anthropometry）

为了对汽车及其他交通工具进行内、外部形态与结构设计并改良内部空间的人机环境，必须首先采集人体各部位的相关数据。人体测量是一门涉及人类身体测量以确定不同个体、组群身体尺度的科学，它受到年龄、性别、人种、职业、社会经济学等方面因素的影响。

人体测量在操控行为与人机环境设计方面主要应用在结构和功能设计两个方面。

2.4.1 静态人体尺寸测量（Static human body measurement）

采用静态测量的方法能够获得包括人体高度、各部分长度、厚度等数据，用以设计操控工作区域或乘坐区域的尺度大小。我国标准GB/T 5703—1999《用于技术设计的人体测量基础项目》规定了工效学使用的人体测量术语和人体测量方法，也可以参考国际上通用的美国 *HUMAN DIMENSION & INTERIOR SPACE* 相关数据，具体视目标人群和实际需求而定。硬件结构设计中以静态测量数据作为主要依据。

图2-2为美国 *HUMAN DIMENSION & INTERIOR SPACE* 所示静态人体测量部分术语定义图解。

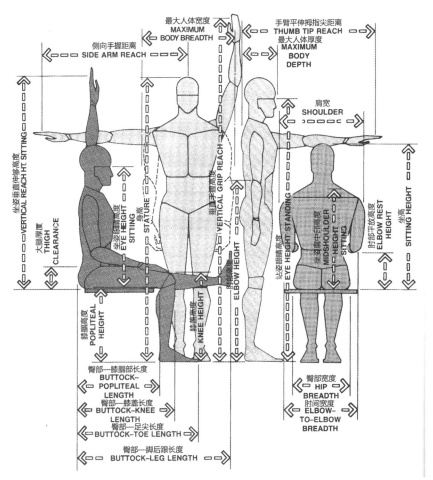

图2-2
室内空间常用人体测量尺寸
（图片来源：*HUMAN DIMENSION & INTERIOR SPACE*，中文自绘）

2.4.2 动态人体尺寸测量（Dynamic human body measurement）

动作系统构成了人的行为。采用动态测量的方法能够获得动作状态下头部、手部、四肢、脚步所能及的范围，以及各关节所能达到的距离或能转动的角度极限范围等数据。动态测量主要关注操控者身体各部位在操控行为中的动作关系和相互协调关系，具有连贯性和活动性。例如：油门的踩踏程度、开关的按压程度与结果关系、手指可触及的极限范围并非仅由手臂及手掌尺寸决定，还涉及臀部、腰部和躯干的伸缩和扭转所赋予的综合影响。跟静态人体尺寸测量一样，相关数据在国标或美标中都可以查到。

环境尺度和硬件调节功能设计中以动态测量数据（图2-3）作为主要依据，结合静态测量数据（图2-4）来综合确定完成某一动作或运动

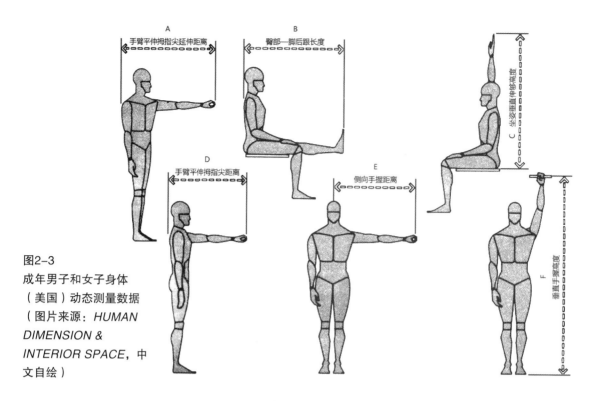

图2–3
成年男子和女子身体（美国）动态测量数据（图片来源：*HUMAN DIMENSION & INTERIOR SPACE*，中文自绘）

成年男子和女子身体 1985 年测量项目（美国）性别和百分位测量数据（英寸 / 厘米）

百分位	性别	体重 lb	体重 kg	A in	A cm	B in	B cm	C in	C cm	D in	D cm	E in	E cm	F in	F cm	G in	G cm
95	男性	215.4	97,7	47.6	120.9	61.3	155,7	74.3	188,6	34.4	87,4	34.1	86,5	7.5	19,1	39.0	99,0
	女性	165.1	74,9	42.8*	108,7	55.7	141,4	68.0	172,8	31.7	80,6	31.3	79,6	5.9	14,9	36.0	91,5
5	男性	143.7	65,2	41.5	105,5	53.7	136,5	66.2	168,2	29.3	74,3	30.1	76,4	5.7	14,5	34.8	88,5
	女性	104.5	47,4	38.0*	96,5	48.4	122,9	60.0	152,3	26.7	67,7	27.4	69,5	4.1	10,4	32.0	81,2

百分位	性别	H in	H cm	I in	I cm	J in	J cm	K in	K cm	L in	L cm	M in	M cm	N in	N cm	O in	O cm
95	男性	23.7	60,3	18.8	47,8	21.7	55,1	25.7	65,4	20.8	52,9	11.7	29,7	27.4	69,6	16.6	42,2
	女性	21.4*	54,3	17.4	44,2	20.7	52,7	24.4	62,0	18.4	46,8	10.7	27,1	24.8	63,1	16.4	41,6
5	男性	20.5	52,1	15.9	40,4	18.3	46,4	22.2	56,4	17.5	44,4	8.3	21,0	23.9	60,6	13.5	34,4
	女性	18.4*	46,7	14.9	37,8	17.2	43,7	21.0	53,3	15.2	38,6	7.6	19,2	21.3	54,2	13.9	35,4

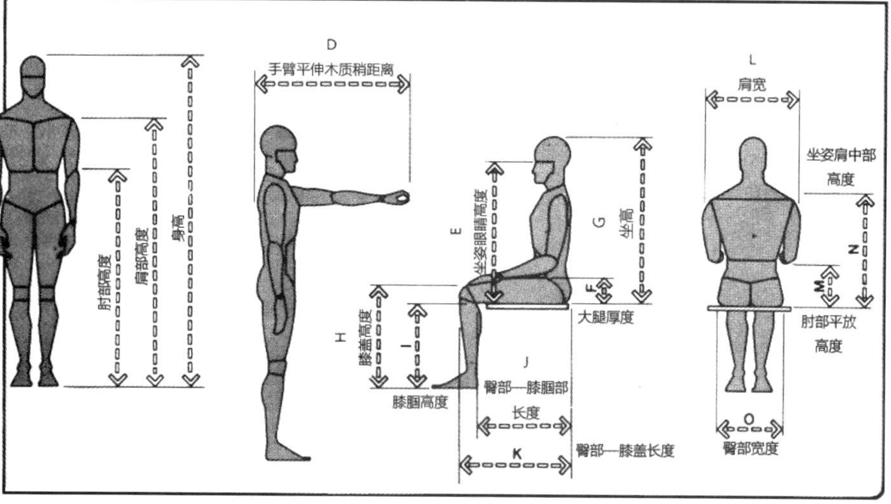

图2–4
成年男子和女子身体（美国）静态测量数据
（图片来源：*HUMAN DIMENSION & INTERIOR SPACE*，中文自绘）

所需要的尺度范围。

图2-5所示为静态人体（美国男性）局部测量数据。

Adult Male Head, Face, Hand, and Foot Dimensions in Inches and Centimeters and by Selected Percentiles		A	B	C*	D	E	F	G	H	I
95	in	5.0	6.50	23.59	5.13	8.27	2.71	5.94	5.98	8.07
	cm	12.7	16.5	59.9	13.0	21.0	6.9	15.1	15.2	20.5
5	in	4.1	5.80	21.74	4.35	7.39	2.24	5.27	5.26	7.00
	cm	10.4	14.7	55.2	11.0	18.8	5.7	13.4	13.4	17.8
		J	K	L	M	N	O	P	Q	R
95	in	4.63	3.78	9.11	10.95	11.44	8.42	4.18	10.62	2.87
	cm	11.8	9.6	23.1	27.8	29.1	21.4	10.6	27.0	7.3
5	in	3.92	3.24	7.89	9.38	9.89	7.18	3.54	9.02	2.40
	cm	10.0	8.2	20.0	23.8	25.1	18.2	9.0	22.9	6.1

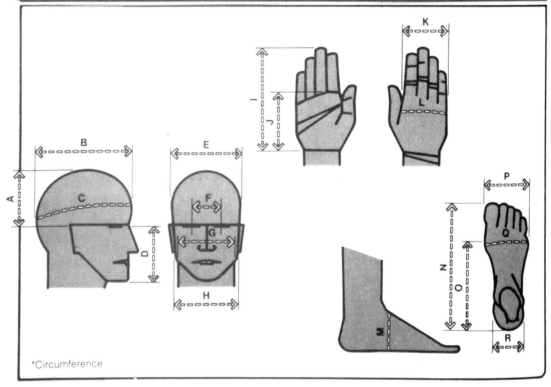

*Circumference

图2-5　静态人体（美国男性）局部测量数据
（图片来源：HUMAN DIMENSION & INTERIOR SPACE）

表2-1所示为动态人体（美国）测量部分术语定义和数据。

动态人体（美国）测量部分术语定义和数据[①]　　　　表2-1

脊椎活动角度

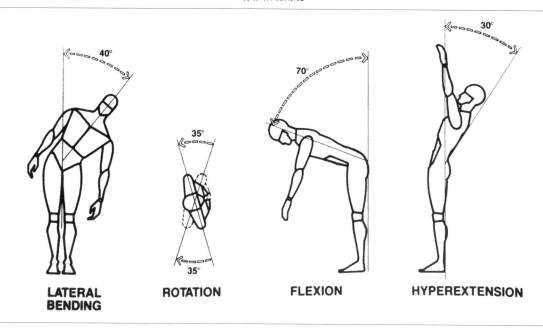

颈椎活动角度

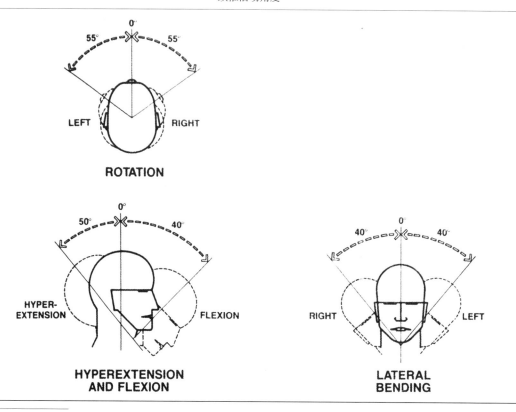

① 表中图片源自 *HUMAN DIMENSION & INTERIOR SPACE*，表自制。

续表

肩关节活动角度

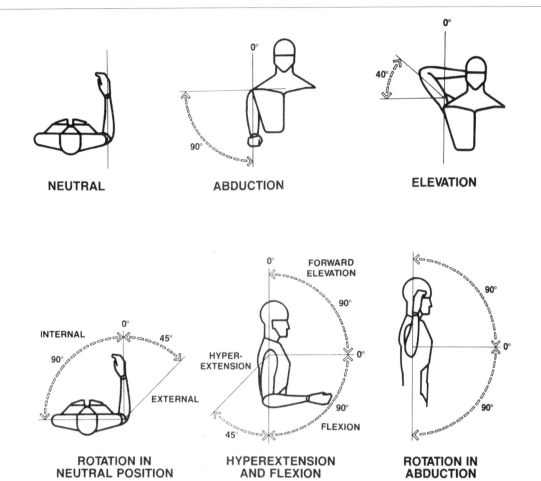

前臂活动角度

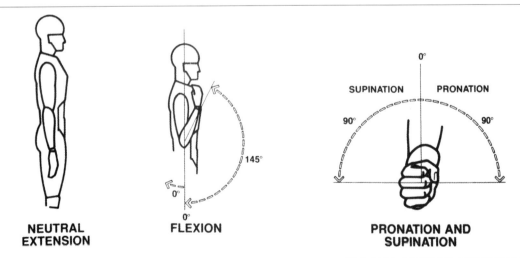

续表

手腕活动角度	
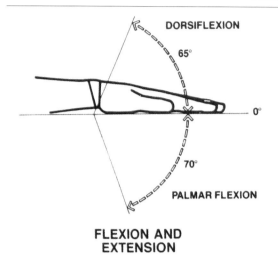 FLEXION AND EXTENSION	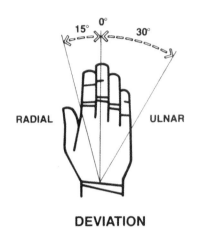 DEVIATION
手指活动角度	
 NEUTRAL	 HYPEREXTENSION

NEUTRAL

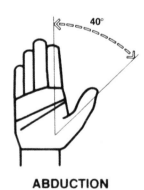

ABDUCTION

OPPOSITION

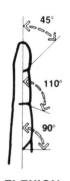

FLEXION

续表

髋关节活动角度	
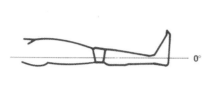 NEUTRAL EXTENSION	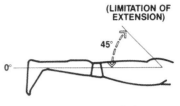 HYPEREXTENSION
 PERMANENT FLEXION	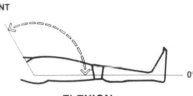 FLEXION
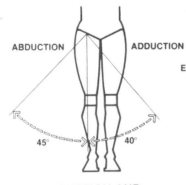 ABDUCTION AND ADDUCTION	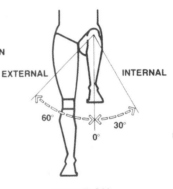 ROTATION IN FLEXION

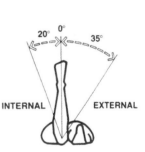
ROTATION IN EXTENSION

膝关节活动角度	
 NEUTRAL EXTENSION	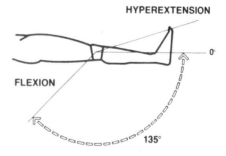 HYPEREXTENSION AND FLEXION

续表

踝关节活动角度

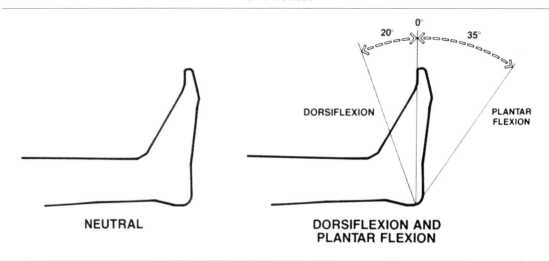

足尖活动角度

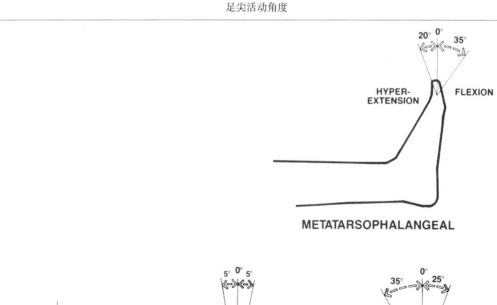

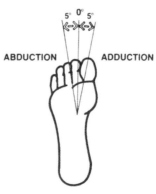
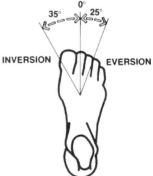

2.5 测量数据应用——百分比/百分位概念（Application of measurement data—percentage / percentile concept）

指同一目标人群中具有相同身体尺度的人数与总人数的百分比。工效学考虑人类差别的统计特性。在 *HUMAN DIMENSION & INTERIOR SPACE*[①]中，列出了人体的各部位尺寸、人体重量等统计数据，并将统计数据分为第5、10、20、30、40、50、60、70、80、90、95、99等不同百分位，用符号P_5、P_{10}……P_{95}、P_{99}表示。应当特别说明的是，不同的百分位数据为不同的设计目的服务，其中设计中用得最多的百分位分别是P_{95}、P_{50}和P_5。

由于人的人体尺寸有很大的变化，它不是某一确定的数值，而是分布于一定的范围内的。如亚洲人的身高是151~188cm这个范围，而我们设计时只能用一个确定的数值，而且并不能像我们一般理解的那样用平均值。如何确定使用哪一数值呢？这就是百分位的方法要解决的问题。百分位的定义是：表示具有某一人体尺寸和小于该尺寸的人占统计对象总人数的百分比。

大部分的人体测量数据是按百分位表达的，把研究对象分成一百份，根据一些指定的人体尺寸项目（如身高），从最小到最大顺序排列，进行分段，每一段的截至点即为一个百分位。例如我们若以身高为例：第5百分位的尺寸表示有5%的人身高等于或小于这个尺寸。换句话说就是有95%的人身高高于这个尺寸。第95百分位则表示有95%的人等于或小于这个尺寸，5%的人具有更高的身高。第50百分位为中点，表示把一组数平分成两组，较大的50%，较小的50%。第50百分位的数值可以说接近平均值，但决不能理解为有"平均人"这样的尺寸。

统计学表明，任意一组特定对象的人体尺寸，其分布规律符合正态分布规律，即大部分属于中间值，只有一小部分属于过大和过小的值，它们分布在范围的两端，图2-4中设了第5百分位和第95百分位，第5百分位表示身材较小的，有5%的人低于此尺寸；第95百分位表示身高较高的，即有5%的人高于此值。在设计上满足所有人的要求是不可能的，但必须满足大多数人。所以必须从中间部分取用能够满足大多数人的尺寸数据作为依据，因此一般都是舍去两头，只涉及中间90%、95%或99%的大多数人，而排除少数人。应该排除多少取决于排除的后果情况和经济效果。

2.5.1 第95百分位的应用（Application of P_{95}）

在实际设计中，如汽车座椅设计，你可能只能设计适合于95%目

---

① （USA）JULIUS PANERO, MARTIN ZELNIK. WHITNEY LIBRARY OF DESIGN, 1979.

标人群的座椅，而另5%的潜在用户则不会满意你的座椅尺度设计。比如要设计可调式座椅，既要适合姚明那样的巨人乘坐，又要适合超级矮小的成人（为避免歧义，这里不用"侏儒"这个词），一则在机械上难以实现，二则即使实现也代价太高。因此汽车驾驶员座椅、方向盘高度，以及刹车/油门踏板离座椅的距离等，在设计的时候常用的办法是提供可调整的范围，涵盖第5百分位女性到第95百分位男性的相关对象总体的特性（坐高、臂长、腿长等）。像车门的尺度设计，以男性第95百分位特性数据为准设计即可，足以保证95%的人能够进出自如。

2.5.2　第5百分位的应用（Application of P_5）

某些场合，需要照顾到特殊人群的能力，这部分人必须要能够使用，则其他人都没有问题，这时候就需要选择第5百分位的数据。例如刹车的最小握力，如果握力使处于第5百分位的人都能够操纵刹车，那么其他绝大多数人握力都大于它，就不存在安全隐患。

2.5.3　第50百分位的应用（Application of P_{50}）

公交车乘客座椅，由于用户乘坐时间较短，通常采用座高不可调的座椅，这样可以降低制造成本和损坏几率；座面高度一般可以采用第50百分位的人体数据作为依据，因为如果按照第95百分位的数据去设计座面高度，很可能处于第50百分位以下偏矮个子的用户坐着都会感觉不适，而如果按照第5百分位设计，则第50百分位以上的用户都会感到太低，起立吃力。照顾到1%~99%或5%~95%的用户，还包括老人、小孩的乘坐都比较舒服，取第50百分位的数据作为依据是比较科学的。

2.5.4　百分位选择误区（The misunderstanding selection of percentile）

如果对百分位数据选择的理解有偏差，很可能会造成设计的失败。例如，以第50百分位的身高尺寸来确定车门的净高，这样设计的车门会使50%的人有碰头的危险。在车门的尺度设计上，通常我们只要排除1%的人（这部分特别高的人不能进去）就够了，因为门的造价与门的高度关系不大，选择第99%百分位的身高就够了，甚至95%也够了，视具体车型的大小而定。再比如：座位舒适的最重要的标准之一是使用者的脚要稳妥地踏在地板上，否则两腿会悬空挂着，大腿软组织会过分受压，双腿会因坐骨神经受压而导致麻木，假设小腿连脚的长度（包括鞋）的平均值是46厘米，若以此为依据，则设计出的椅子会有50%的人脚踩不到地，妇女们的腿较短，使用它时会不合适。坐平面高度的尺寸不能使用平均值，而是要用较小的尺寸才合适，长腿的人坐矮椅子把腿伸出去就可以了。因此，平均值不是普遍适用的。

上述工效学内容的研究，可以帮助设计出正确的操控姿势，从而避免意外的发生，因为上述因素或尺度的考量可以给出驾驶员在操控不同系统时的舒适工作姿势。因此某种程度上我们也可以说运动工效学等于人类的行为感觉，比如当驾驶员目视路面情况，根据视觉判断用脚控制油门或刹车来增减车速。研究分析驾驶员的操控行为姿势及手足部姿势（图2-6）和使用逻辑是十分必要的。

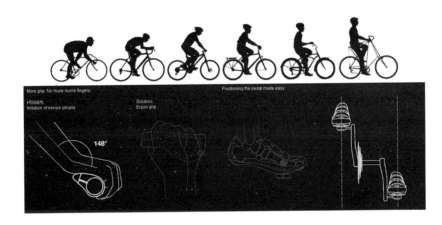

图2-6
驾驶员的操控行为姿势及手足部姿势
（图片来源：网络）

2.6 眼椭圆与操控视野（Eyellipse & controlling view field）

驾驶员眼椭圆指不同身材的驾驶员按照自己的意愿将座椅调到适宜位置，然后以正常的驾驶姿势入座，其眼睛位置在车内坐标系中统计分布图形呈椭圆状（图2-7），这就是驾驶员眼椭圆的概念。国际标准组织引用美国SAEJ941制定了国际标准ISO 4513—2003。由眼椭圆所在的位置，我们可以求出A柱形成的双眼盲区。由眼椭圆位置决定的视野范围，我们可以借此设计汽车向外的可视区域以确保驾驶操控的安全。

2.6.1 眼椭圆定义（Eyellipse definition）

眼椭圆的概念是随着汽车产业的工程能力发展而被提出的，是汽车工程师们为了保证大多数汽车驾驶员拥有良好的视野特性，而发展出来的。

在1963年，美国选用三种车型，对2000多人进行了眼点测试。被测试者来自世界各地，然后对测试的眼点位置进行统计分析，形成最佳的与实际相符的曲线。统计的结果是：眼睛分布范围在俯视图和侧视图的投影均可近似为椭圆，故称为眼椭圆。据此，美国制定了SAEJ941《汽车驾驶员眼范围》标准。在标准中，根据眼点的分布情况，分为90百分位、95百分位、99百分位等眼椭圆。

眼椭圆是描述不同身材驾驶员眼睛在空间上相对车辆内部参考点位置的一种统计表示法。由于呈椭圆形，故称为眼椭圆。其英文名称为eyellipse，是由眼睛eye和椭圆ellipse组合而成的。眼椭圆也可以理解为不同身材的驾驶员按照自己的意愿将座椅调到适合位置，并以正常的驾驶坐姿入座后，他们眼睛位置在车内坐标系中的统计分布图形呈椭圆状而故名之。

轿车、旅行车及类似变形车辆，也称A类车辆（H点高度低于405mm且方向盘直径小于450mm的汽车），它们的眼椭圆定位应参照图2-7进行。

图2-7
驾驶舱眼椭圆定位
（图片来源：百度文库《SAEJ 941眼椭圆中文翻译版》）

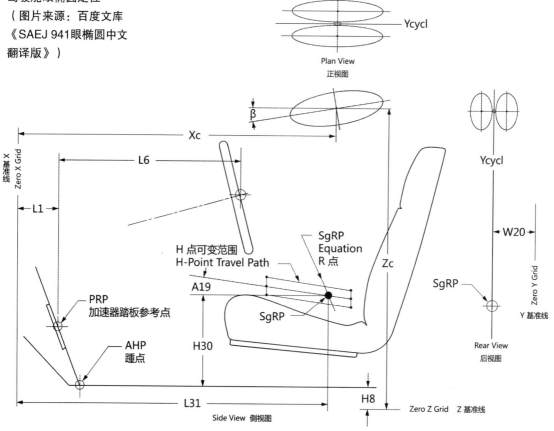

2.6.2 眼椭圆作图（Eyellipse drawing）

包括两个步骤：

1.作眼椭圆样板：在其自身坐标系中由人体躯干与大腿的交接点——H点的水平行程（或座椅水平调节量），确定眼椭圆中心、椭圆长短轴，由于长短轴与自身坐标系的夹角是固定的，故可作出眼椭圆样板；

2.眼椭圆样板在车身坐标系中定位，由最后H点——正常驾驶或乘坐姿势的最后的H点，以及座椅靠背角，来确定眼椭圆的自身坐标原点在车身坐标系中的位置。

由于眼椭圆绘制设计涉及很多数据，步骤也较为繁多，这里仅叙述作图概念，以求大致了解。

2.6.3 眼椭圆相关标准（Eyellipse related standards）

美国SAEJ941《汽车驾驶员眼范围》。

国际ISO 4513《道路车辆、能见的、对司机眼睛位置椭圆视野确定方法》。

2.6.4 操控视野（Controlling visual field）

视野（Visual field）是指人的头部和眼球固定不动时，眼睛观看正前方物体所能看见的空间范围，通常以角度表示。维基百科对视野的解释是：The visual field is the "*spatial array of visual sensations available to observation in introspectionist psychological experiments*", while 'field of view' *refers to the physical objects and light sources in the external world that impinge the retina* 意即：对接受心理试验的人来说，视野就是视觉可感受的空间阵列，而视域则是外部世界里自然界的物体或者光源在视网膜上的印迹。

人的视野包括了水平视域、垂直视域，在第三章的视觉机能小节里还会介绍具体可视角度及数据。

2.6.5 眼椭圆在汽车设计的应用（Eyellipse applications in the automotive design）

驾驶员在驾驶过程中，有的信息是靠视觉得到的，确定良好视野是预防安全事故的必要条件，各汽车生产国也都制定了相应的标准或法规作强制性规范，眼椭圆是视野以及与视野有关的零部件人机设计的主要工具。

1.汽车风窗玻璃透明区及刮扫面积与部位校核；

2.方向盘、仪表板、前门窗人机设计；

3.后视镜安装位置设计和后视野校核；

4.A立柱的双目障碍角的测量；

5.侧视角测量。

例如对于同款车型两门和四门的侧视角差别，就可以用眼椭圆来作图分析。图2-8[①]中，采用美标（SAEJ941）95百分位的眼椭圆（驾

---

① 原图引自：Michael Sivak等，INFLUENCE OF THE VISIBILITY OUT OF THE VEHICLE CABIN ON LANE-CHANGE CRASHES. November 2005.

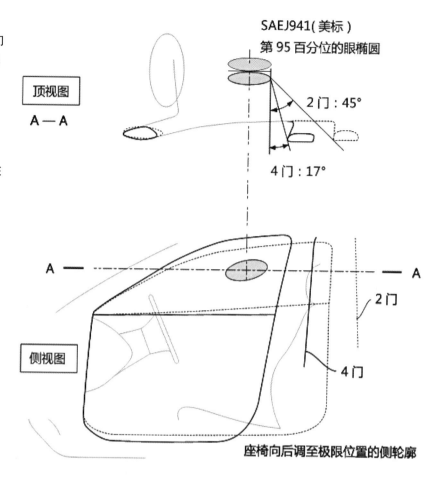

图2-8
用眼椭圆进行两门与四门B柱（中柱）对于侧面视角的影响分析
（图片来源：Michael Sivak / Brandon Schoettle / Matthew P. Reed / Michael J. Flannagan. INFLUENCE OF THE VISIBILITY OUT OF THE VEHICLE CABIN ON LANE-CHANGE CRASHES.）

驶座椅处于最后极限位置）来进行侧面视域的角度比较，来分析两门与四门B柱（中柱）对于侧面视角的影响。

2.7 汽车室内设计的基准H点概念（The concept of benchmark Hip point in car interior design）

2.7.1 H点概念（Concept of Hip point）

H点是汽车室内设计的基准点，它是人体躯干与大腿的连接点，即胯点（Hip Point），在汽车内饰设计中常称为H点。严格意义上讲，H点指当H点三维人体模型按规定步骤安放在汽车座椅中时，人体模型左右两H点标记连线的中点。H点是与操作方便性及坐姿舒适性相关的车内尺寸的基准点；H点是确定眼椭圆在车身中位置的基准点；H点也影响到驾驶员的手伸及面。

在二维人体模型的尺度选取上，男女模型我们通常采用95%百分位的男性尺度和5%百分位的女性尺度，以涵盖绝大部分用户人群的身

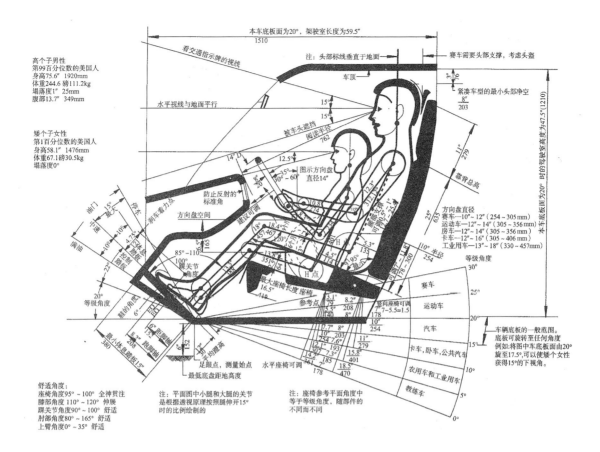

材尺度。但是美国常采用P_{99}男性和P_1女性的人模尺度，更大程度地涵盖了用户人群（图2-9）。

2.7.2 H点在汽车设计中的主要用途（Hip point mainly uses in automobile design）

1. H点可以用于驾驶座椅前后位置设计，根据二维人体模型上H点的位置，我们可以设计研究驾驶员座椅的可调节范围；

2. H点可以用于驾驶座椅上下调节范围设计，根据二维人体模型上H点的位置，我们还可以研究驾驶员头顶空间的尺度设计；

3. H点可以用于前挡风玻璃的尺度和最佳视野的匹配设计；

4. H点还可以用于A柱或B柱的视野遮挡校核设计。

图2-9
用于汽车设计的二维人体模型（美国），99%男性和1%女性二维人体模板，用以校核H点位置、关联的驾驶座椅调节和视野范围
[图片来源：（美）阿尔文·R·蒂利.人体工程学图解——设计中的人体因素.]

第二章　汽车工效学的概述

第三章 硬件设计要素
HARDWARE DESIGN ELEMENTS

【本章要点】
1. 车身室内设计的H点及人体的布置
2. 驾驶员座椅设计
3. 操控界面设计

工效学的应用,在汽车内饰设计中尤为重要,所有与驾驶员及乘员相关的硬件设计都与工效学相关。车身设计功效学的基本内容,主要表现为:通过测量、统计、分析人体的尺寸,在进行车身内部布置设计时并以此为依据,确定车内的有效空间以及各部件、总成(座椅、仪表板、方向盘等)的布置关系;通过对人体生理结构的研究,以使座椅设计以及人体坐姿符合人体乘坐要求;根据人体操纵范围和操纵力的测定,确定各操纵装置的布置和作用力大小,以使人体操纵时自然、迅速、准确、轻便,并降低操纵;通过对人眼的研究、试验,校核驾驶员的信息系统,以保证驾驶员获得正确的驾驶信息;根据人体的运动学,研究汽车碰撞时对人体的合理保护,正确确定安全带的铰接点位置和对人体的约束力;研究振动时对乘坐舒适性的影响;研究人体上下车的方便程度和行为尺度,以确定车门的开口部位与尺寸;根据人体的生理要求,合理确定并布置空调系统;研究人的生理需求,设计一个舒适、美观、轻松的环境。

车身室内布置设计的基本要求:在车身设计中应以功效学研究的基础内容——人体尺寸、人体生理结构和视觉特性为依据,着手进行布置设计,最终使室内设计达到以人体为中心的三种协调:位置布置的协调,以确定驾驶位置;尺寸的协调,以达到最有效的利用;整车的协调,使其具有最佳视觉效果。人体尺寸决定了人体所占据的几何空间大小和人体的活动范围,是确定车身室内有效空间和进行内饰布置的主要依据。

车身设计中一般采用5%女性、50%男性、95%男性三种百分位的人体尺寸，分别代表矮小身材、平均身材和高大身材的用户人体尺寸，另外也可以使用其他国家人体尺寸，视具体目标用户群而定。一般采用去两头的原则，以95%和5%百分位的人体数据作为室内设计尺寸依据，确定座椅调节行程的上下限尺寸基准。

3.1 车身室内设计的H点及人体的布置（Hip point layout of interior design and human body）

车身室内的布置就是指利用H点设计工具在车身布置图上进行安放，从而确定出设计的H点的位置，并以此位置代表人体的布置及乘坐的位置。

3.1.1 设计步骤（Design steps）

1.选择适宜的人体样板，包括百分位和比例等。

2.画出加速踏板位置、地板线（先以水平线代表），确定出踵点位置。一般是将人体的脚跟置于加速踏板上，脚跟与踏板支点保持接触，即为踵点。但有时脚的前部置于加速踏板上，脚要与踏板支点分享，这时定义脚要的着地点为踵点位置。此外，确定踵点时要考虑地毯厚度和压缩量。设计中将加速踏板上距离踵点200mm的点定义为踏点。

3.以踵点为人体布置基准，分别将95%、50%和5%百分位的人体样板按选定的人体驾驶姿势摆放在车身布置图上，使人体的躯干和上下肢处于最佳的活动范围和角度关系。依据布置好的人体样板位置，从样板上的H点确定出人体布置的设计H点位置。这样，就得到了分别对应的95%、50%和5%三种百分位人体布置的设计H点位置H_{95}、H_{50}和H_5点。确定出这些点是室内布置设计的首要工作。

4.以H_{95}和H_5点的水平距离和垂直距离选定座椅的水平及垂直调节量。

5.以95%百分位人体样板和H_{95}点位置画出人体布置的轮廓形状曲线，考虑座椅靠背的压缩量与厚度等因素，确定出前座舱的最后设计界限。由于人体的布置设计决定了空间大小，在人体的布置时必须考虑室内的长和高等设计指标，协调空间大小和驾驶姿势的关系。

6.比较三种百分位人体布置和各关节角度变化和坐姿位置变化的情况，确定各H点位置和座椅调节行程是否合适。

7.分析在加速踏板的全程运动中，人体姿势的变化情况。

8.画出三种百分位人体布置的腿部轮廓线，供设计伸腿空间。

9.后排座人体布置方法与上述类似，一般布置95%百分位人体即可，着重考虑搁脚位置、姿势和腿空间。

H点设计用人体模型尺寸为95%男性人体尺寸（如果有特殊原因，

可以使用他国人体尺寸），其他人体尺寸均用于校核使用。目前美国有关标准法规要求采用的是95%百分位的SAE—3DM，欧洲法规要求采用的是50%百分位的SAE—3DM，日本法规根据目的的不同要求采用50%百分位的JSAE—3DM或SAE—3DM。我国目前采用的三维H点人体模型，标准GB 11559—89《汽车室内尺寸测量用三维H点模型》要求采用的3DM实际与JSAE—3DM相同，但由于国内生产的轿车多为引进的国外技术或合资生产，各汽车厂使用的三维人体模型不尽相同（表3–1）。

各汽车厂使用的三维人体模型　　　表3–1

公司或检验机构名称	使用三维H点人体模型的情况
北京吉普	SAE-3DM，95%百分位
上海大众	SAE-3DM，50%百分位
一汽大众	SAE-3DM，50%百分位
天津汽车工业公司	JSAE-3DM
国家轿车质检中心	JSAE-3DM
国家轿车质检中心（长春）	SAE-3DM
国家汽车质检中心（襄樊）	JSAE-3DM

（表来源：百度文库《车身室内布置设计的基本要求》）

注：SAE为车辆工程师学会（Society of Automotive Engineers），JSAE为日本自动车技术会（Society of Automotive Engineers of Japan）。

3.1.2 人体布置参数（The human body layout parameters）

图3–1、图3–2为人体布置参数的统计值。

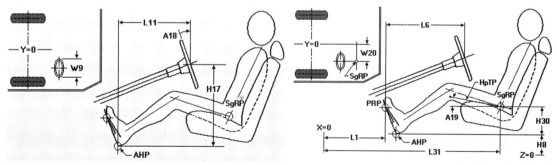

图3–1
人体布置参数图1
（图片来源：百度文库《车身室内布置设计的基本要求》）

图3–2
人体布置参数图2
（图片来源：百度文库《车身室内布置设计的基本要求》）

图中参数对应数据详见表3-2。

人体布置参数对应数据　　　　表3-2

项目 车型	L31-L1（mm）	H30（mm）	L6（mm）	H17（mm）	A18（°）
运动型轿车	830	132	525	500	23
1500cc轿车	810.8	252.9	431.2	617.7	26.4
微型轿车	766.3	254.3	419.8	610.7	28.3
轻型平头货车	722.3	332.5	330	660	54.9
短头型汽车	675.4	364.7	255.8	700.0	55.4
中型平头货车	584	390	212	730	49

（表来源：百度文库《车身室内布置设计的基本要求》）

在此，我们选择两个典型硬件（驾驶员座椅和操控界面）来解析工效学在设计应用中的技术要点。以座椅为例，把行业标准列入作为设计参考依据，通过座椅人机关系（舒适性）、操控性、结构、材料、强度、安全性等方面来全面认识座椅设计的要点；以操控界面为例，把显示系统、操控系统、硬界面空间布局等设计要点和设计原则一一阐明。

3.2 驾驶员座椅设计（The design for driver's seat）

汽车中的座椅是影响驾驶与乘坐舒适程度的重要设施，而驾驶员的座椅就更为重要（图3-3）。舒适而操作方便的驾驶座椅，可以降低驾驶员疲劳程度，降低故障的发生率，汽车驾驶员座椅设计的优劣直接关联到驾驶操控的效率。汽车驾驶座椅工效学设计目的，就是使设计出来的座椅能够满足工效学要求，从而满足驾驶员操控行为过程的舒适性需求。当然座椅的安全性设计也是十分重要的。

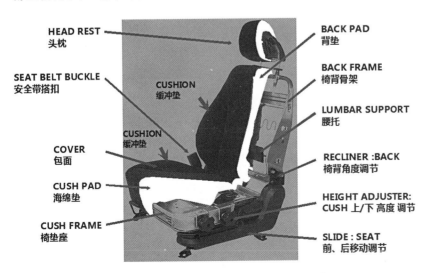

图3-3
驾驶座椅解剖图
（图片来源：百度文库《座椅温控系统》）

图3-4
第1百分位美国女性肢体操控位置与驾驶座椅的关系及数据
[图片来源：（美）阿尔文·R·蒂利. 人体工程学图解——设计中的人体因素.]

汽车座椅的设计，首先与驾驶人的身体尺寸有关，与人的操控行为有关，图3-4显示了针对美国女子操控行为的车辆座椅设计的人体尺寸（第1百分位女子），图3-5显示了针对美国男子操控行为的车辆座椅设计的人体尺寸（第95百分位男子）。

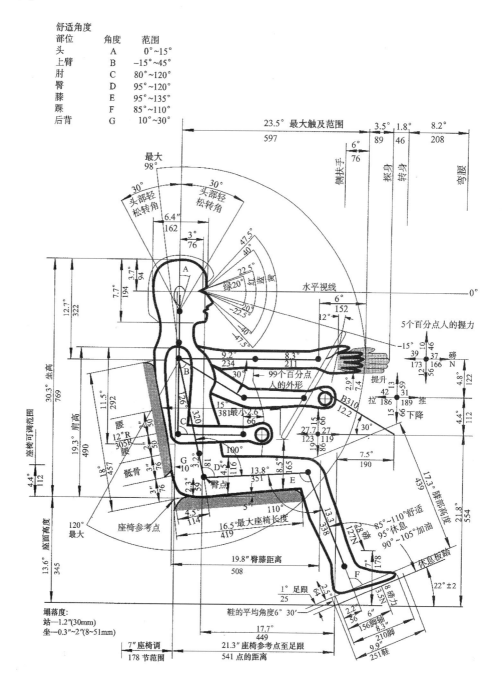

产品与移动·行为心理与操控设计

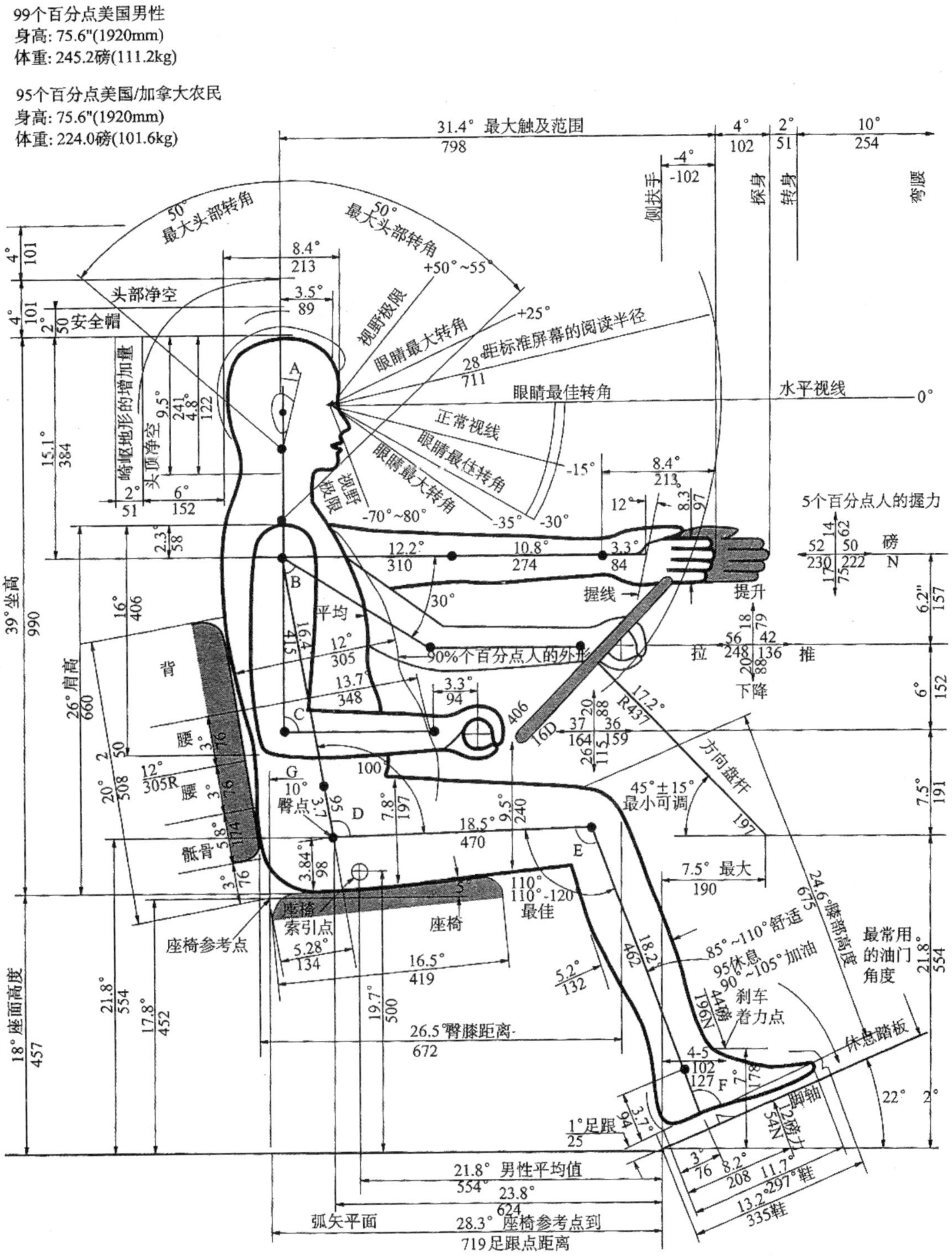

图3-5
第95百分位美国男性肢体操控位置与驾驶座椅的关系及数据
[图片来源：（美）阿尔文·R·蒂利. 人体工程学图解——设计中的人体因素.]

第三章 硬件设计要素

图3-6
驾驶员舒适坐姿角度
（图片来源：杜子学.汽车人机工程学.）

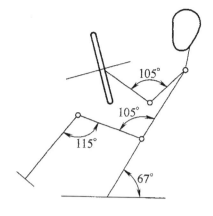

从工效学角度来说，一个性能优良的驾驶座椅应当符合以下要求。

1. 坐姿舒适性（Sitting comfort）（静态舒适性）

为驾驶员提供一个舒适而稳定的坐姿，符合人体舒适坐姿的生理特性，常规驾驶坐姿舒适性角度如图3-6所示。

2. 振动舒适性（Vibration comfort）（动态舒适性）

减轻传给驾驶员身体的机械振动和冲击负荷，满足振动舒适性评价标准的要求。

3. 操控舒适性（Controlling comfort）

将驾驶员置于良好视野的位置，保证他能安全而有效地完成各项操纵作业。

4. 操控和理性（Controlling and rational）

为驾驶员提供一个相对于各种操纵机构的合适位置，使他能方便地进行操作。

5. 安全性（Safety）（包括主动安全性及被动安全性两个方面）

考虑提高驾驶员的人身安全性，当发生翻车或撞车事故时，将驾驶员约束在驾驶座椅上且使其处于一定的容身空间以内。

上述要求具体到驾驶座椅的设计中，便是满足驾驶员坐姿舒适性的座椅尺寸结构设计、满足驾驶员振动舒适性的座椅抗振减振设计、满足操作舒适性的座椅空间位置设计，以及满足驾驶员的安全性的汽车驾驶座椅主动安全性及被动安全性的设计。

3.2.1 座椅尺寸与结构设计（Seat size and structure design）

驾驶座椅尺寸与结构设计的研究把注意力集中在人体生理结构特点对驾驶舒适程度的影响上，寻求最佳的座椅结构形式、尺寸、轮廓形状及材料选择。具体相关设计要素有以下三方面。

1. 座椅尺寸（Seat size）

主要参数包括：椅面高度、宽度、深度、椅面倾角；靠背的高度、宽度和倾角。座椅尺寸设计应尽可能减少双脚着地的负荷，使血液循环不受阻碍。座椅尺寸参数的确定，以及座椅的角度应该满足保证驾驶员人体脊柱曲线更接近于正常生理脊柱曲线的要求。具体尺寸数据可参照相关标准。

2.座椅舒适度（Seat comfort）

舒适坐姿的各关节角度应该满足：坐垫上合理的体压分布，坐垫应坚实平坦。太软的椅子容易令用户曲起身体，全身肌肉和骨骼受力不均，从而导致腰酸背痛的现象的产生。研究表明：过于松软的椅面，使臀部与大腿的肌肉受压面积增大，不仅会增加躯干的不稳定性，而且不易改变坐姿，容易产生疲劳。依据靠背上体压分布不均匀原则，在座椅靠背设计时应保证有靠背两点支承，即人体背部和腰部的合理支承。汽车座椅设计时应提供形状和位置适宜的两点支承，第一支承部位位于人体第5~6 胸椎之间的高度上，作为肩靠；第二支承设置在腰曲部位，作为腰靠。肩靠能减轻颈曲变形，腰靠能保证乘坐姿势下的近似于正常的腰弧曲线。

3.座椅材料选择（Seat material options）

座椅材料的选择主要考虑到以下两个方面：振动舒适性及座椅对人体热环境的主要影响。座椅材料是座椅的主要减振元件，要想使座椅获得较低的振动传递率，使座椅具有较高的振动舒适性，必须采用合适的坐垫和靠背减振材料。根据驾驶室的微气候环境，调整座椅表面的温湿度特性，可以适当调节人体代谢，以达到减轻疲劳的目的。

3.2.2　座椅振动舒适性设计（The seat vibration comfort design）

既然座椅材料是座椅的主要减振元件，那么在座椅振动舒适性设计时首要考虑的就是从座椅材料的选择上下功夫来保证座椅振动舒适性。座椅的结构形状也不同程度地影响其振动舒适性，由于椎间盘有较大的压缩潜力和很好的弹性，所以脊柱具有忍受较强的纵向振动的能力。在横向上，脊柱只有前纵韧带分别附在腰间盘的前缘和后缘并起一定的作用，因此，人体脊柱忍受横向力的能力很低。在设计座椅时必须使其具有抵抗横向振动的能力。座椅靠背向后倾斜使腰背部得到依靠，加之靠背衬垫的适度柔软性，致使摩擦力增大，可缓冲横向振动对人体的冲击，同时靠背两侧稍有包围、椅面的两侧向上微翘，也能减轻人体的横向移动趋势，使人感觉乘坐舒适（图3-7）。

图3-7
舒适座椅的造型

3.2.3　座椅空间位置和调节量设计（Position of seat and the adjustment amount design）

3.2.3.1　座椅空间位置（Position of seat）

座椅空间位置设计就是为了达到操

图3-8
头部空间
（图片来源：杜子学.汽车人机工程学.）

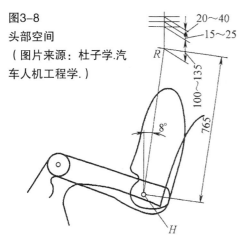

作舒适性的目标，而进行驾驶座椅空间位置设计以确保驾驶员有良好的视野，同时对汽车转向盘、脚踏板等工作部件有恰当的操控要求距离，以达到操控舒适性的最终目的。此外，座椅位置还要能够确保驾驶员可以看到车辆上方的交通指示牌信息。

此外，头部空间尺寸也是设计内容之一，头顶部到车顶内饰线的空间距离一般为100~135mm（图3-8）。

座椅的本体尺寸规范和座椅间距规范如图3-9及图3-10[①]所示。

单座与连体座椅的对应尺度要求如表3-3、表3-4所示。

图3-9
座椅的本体尺寸规范
（单位：mm）

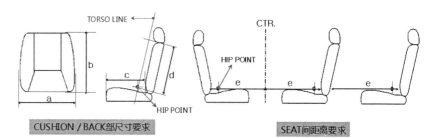

图3-10
座椅间距规范
（单位：mm）

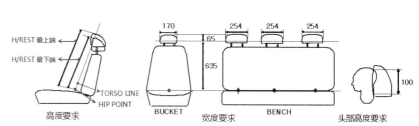

单座与连体座椅的对应尺度要求1　　　表3-3

	中国	北美 （FMVSS 202）	欧洲 （ECE17.07, EEC96/37）	澳洲 （ADR 22/03）
一般规定	FR ONLY	FR ONLY	FR & RR 捷克/波兰/斯洛文尼亚	FR ONLY
高度 （H/rest最下端）	≥700	≥700	≥800/750, ≥700 ≥750/700, ≥700	≥700
宽度	BUCKET≥170 BENCH≥254	BUCKET≥170 BENCH≥254	FR: BUCKET≥170 　　BUCKET≥254 RR:　　　≥170	BUCKET≥170 BENCH≥254
头部高度	—	—	≥100	—

① 图3-9、图3-10、表3-3、表3-4引自百度文库《汽车座椅尺寸规范》。

单座与连体座椅的对应尺度要求2　　　　表3-4

		韩国	北美	欧洲	澳洲
CUSHION/BACK 尺寸		a≥400 b≥400	a≥400 b≥400	a≥400 c≥400 d≥400	800≥a≥400 （1人用）
SEAT间距离	SLIDE有	e≥460	e≥460	—	—
	SLIDE无	e≥650	e≥650	—	—

3.2.3.2　座椅的调节量（The adjustment amount of seat）

座椅的调节量是影响座椅空间布局的一个重要因素，而驾驶员座椅的调节量则关系到驾驶视野的好坏、操控方向盘，以及加速/制动踏板的方便性程度。这里分析用的驾驶员人体尺寸选取男性P_{95}和女性P_5为依据，座椅调节量研究方案可以有下列几种（图3-11、图3-12）[①]。

图3-11（左）
座椅调节研究方案1
——固定加速踏板
图3-12（右）
座椅调节研究方案

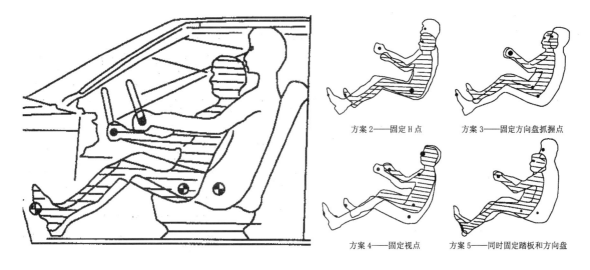

方案2——固定H点　　方案3——固定方向盘抓握点

方案4——固定视点　　方案5——同时固定踏板和方向盘

1.方案1——单独固定加速踏板

假设固定加速踏板，为保证坐姿舒适，操控方便，座椅和方向盘都需要可以调节，但是这样一来，视野变化就非常大了。

2.方案2——固定H点

假设将男、女人模的H点固定，即座椅不可调的情况，这种情况下，为适应男女两种百分位身材驾驶员的操控，要求加速踏板、方向盘都要有前后方向的调节量，而且方向盘还应有上下方向的调节量。这种固定座椅的方式在汽车碰撞时驾驶员的伤害会相对轻一些，但是要求方向盘和加速踏板都可调的做法现已少用，为使加速和制动更具可靠性，一般加速和制动踏板都设计为不可调整。

---

① 图3-11、图3-12引自杜子学《汽车人机工程学》。

第三章　硬件设计要素

3. 方案3——固定方向盘抓握点

通常情况下，方向盘抓握点并不会因为驾驶员身材差异而改变，因此如果从方向盘操控位置的同一性来考虑，就要求座椅有前后、上下方向的调节量，而且要求加速踏板有一定的调节量。

4. 方案4——固定视点

这种方案虽然能够保证视野性能不变，但是因为要顾及操控的方便性和坐姿舒适度，座椅、方向盘和加速踏板都需要能够调节，以满足不同身材用户的需求，因此制造和使用都不是很方便。

5. 方案5——同时固定踏板和方向盘

依靠座椅位移调节来保证坐姿舒适度、视野和操控。事实表明，这种调节方法最简单实用，操作方便。再加上座椅靠背可调、椅面角度可调，就基本可以满足各种身材的用户需要。目前，大多数轿车都采用这种调节模式。

3.2.4 座椅安全性设计（Seat safety design）

1. 主动安全性

主动安全性是指汽车驾驶座椅防止事故的能力。汽车驾驶座椅的主动安全性设计主要从减轻驾驶员的疲劳入手进行分析设计，以满足主动安全性要求。主动安全性主要考虑合理的座椅尺寸设计、坐垫上合理的体压分布、靠背上合理的体压分布等，为驾驶员提供一个舒适的作业环境，减轻驾驶员的疲劳，从而保证驾驶座椅主动安全性的设计要求。

2. 被动安全性

被动安全性是指事故发生时，座椅保护乘员的能力。驾驶座椅作为安全部件，被动安全性设计的主要考虑内容是提高驾驶员的人身安全性。汽车驾驶座椅被动安全性设计目标为：①要保证驾驶员在事故发生时处在自身的生存空间之内，并防止其他车载物体进入这个空间；②要保持驾驶员在事故发生时，保持一定的姿态，以使其他的约束系统能充分发挥其保护效能；③在事故中，使得事故后果对驾驶员的伤害降低到最小限度。

3. 安全措施

目前采取的主要安全措施有：①座椅骨架强度，达到汽车驾驶座椅强度的要求值；②座椅安全带，使在紧急制动或正面撞车时不致将驾驶员碰伤或摔出车外；③达到一定的阻燃要求，坐垫和靠背材料应达到汽车内饰材料燃烧特性技术要求的规定，使车辆发生意外燃烧时驾驶员有时间逃离而不致烧伤。

3.2.5 座椅设计的嵌入技术（Embedded technology of the seat design）

椅子的功能现在也可谓五花八门，有快折、快翻的技术结构以符合空间调整的需求。高端车上一般还嵌入座椅温控技术，使座椅的温度符合四季温度变化的需求。就是在汽车座椅上装置一个可以控制温度的装备，可以对座椅进行加热、制冷、除湿等系统，用以调节座椅的小气候（图3-13），具体包括：

1.可以对座椅直接加热、制冷；
2.解决座椅因乘客出汗而引起的座椅潮湿问题；
3.在原基础上添加功能，达到更舒适的目的，并且可以减少空调的负荷。

图3-13
座椅小气候调节系统
（图片来源：百度文库《座椅温控系统》）

3.3 操控界面设计（Design of controlling interface）

操控界面设计是人与被操控的机器之间传递和交换信息的媒介，包括硬件界面（Hardware interface）和软件界面（Software interface），是计算机科学与心理学、设计艺术学、认知科学和人机工程学的交叉研究领域。近年来，随着信息技术与计算机技术的迅速发展、网络技术的突飞猛进，人机界面设计和开发已成为国际计算机界和设计界最为活跃的研究方向。

移动交通工具的驾驶行为交互过程中的产品界面我们称之为操控界面，操控界面同样包括软、硬界面两部分。操控界面设计一般包括显示系统（含软、硬界面）的设计、操纵系统（硬界面）的设计、工作空间（硬界面）的设计，以及为特殊需求（含软、硬界面）的设计等，遵循场所、功能、工效学、行为学、解剖学等的原则。

在工效学的基础上，从人机设计、艺术设计、硬界面和软界面设计的角度来研究驾驶舱操控面板的造型设计，并从功能性、认知性、审美性、环境整体性方面对界面进行分析和设计，从而避免了工业设计中的功能与形式之争。

3.3.1 显示系统的设计（Display system design）

整车设计中，汽车显示系统（前仪表盘）的设计直接关系到驾驶员的工作效率和安全性。驾驶者通过仪表得到相关数据，并采取相应操作，然后从仪表获得信息反馈。因此设计出准确、友好的人机交互界面是显示系统设计的重点。

3.3.1.1　视觉机能（Visual function）

1.视野

我们用眼睛获得视觉信息。视觉机能主要靠视角、视野、视距等参数衡量。在汽车仪表信息提取中，视野是至关重要的一个参数，具体的视野范围可参见国家标准。正常情况下，头部静止，眼睛可以舒适地观测到上下左右15°的范围。头部静止，眼睛自由移动的情况下根据人眼识别信息的准确程度，将这一范围又划分为四个区域，表3-5中的最佳视区和有效视区是人机工程学主要关注的区域。汽车视野设计中，眼椭圆是一种比较理想的设计工具。但实际设计和测试中也可以用视原点来代替眼椭圆，使作图过程简化。但无论是眼椭圆还是视原点的设计理论，都相对复杂，这里不一一细述。

2.视觉特性

视线在水平方向运动与识别要比在垂直方向更准确和高效。所以视线的移动方向一般遵循从左到右，从上到下，顺时针移动的原则。视野的范围随着速度增加而缩小，这就是动态行使中的"人动视野"。当眼睛偏离视中心时，在偏离距离相等的情况下，观察率优先的顺序是：左上、右上、左下、右下。视区划分见表3-5。

视区划分　　　　　　　　表3-5

视区	范围		辨认效果
	铅垂方向（°）	水平方向（°）	
中心视区	1.5	1.5	辨别形体最清楚
最佳视区	视水平线至下10	20	在短时间内能辨认清楚形体
有效视区	视水平线上10至下20	30	需集中精力，才能辨别清楚形体
最大视区	视水平线上60至下70	120	可感到形体存在，但轮廓不清楚

（表来源：自制）

3.3.1.2　显示系统（Display system）

视觉显示是人机交互系统中功能最强大、使用最广泛的显示方式。显示系统的功能是通过可视化的数字、图文、符号以及人的听觉、触觉可以感知到的其他刺激信号向操控者传递机器运行的各类信息。显示形式一般分模拟式、数字式和屏幕式显示。设计中除了要全盘设计整个显示系统的布局、尺度外，还应注意很多细节如数字的字体与立位、图文的色彩与体量、符号的语义与特征、刻度盘的形状大小与刻度的疏密等方面的设计，以尽可能地符合人机交互的要求。

显示系统的布局，应该按照上述视觉特征分布，尽可能把最重要、行车过程中使用频率最高的那些仪表布置在中心视区和最佳视区，并按照观察率优先顺序排列，尽量避免放在有效视区和最大视区。

显示系统仪表盘的布置，一般原则是：

1. 最重要的，应布置在视野中心3°范围内；

2. 一般常用的布置在20°～40°的水平视野和视水平线向下30°的垂直视野范围内；

3. 水平视野40°～60°和视水平线下30°～75°和以上10°范围区域只推荐设置次要的；

4. 仪表一般不宜设置在80°水平视野之外；

5. 所有视觉显示装置原则上都应设在人不必转头或转身即可看见的视野范围之内。

显示系统的界面评价要求有以下几方面。

1. 显示系统的可辨性：即显示系统给出的信息被操作者感知并在脑中形成相关认知的容易程度。主要有反应时间和识别准确性等指标。

2. 显示系统的信息量：是考量显示系统人机交互性的重要指标，仪表倾向于在单位时间给予操作者更多更全面的信息，但如果信息量太大，超过了人的短时记忆能力，会使人难于记忆和理解。

3. 显示系统的可靠性：主要包括显示系统界面造型本身的安全性和如何缓解操作者的疲劳，减少操作失误率。通过减少仪表数据给予操作者视觉的压力，提高操作者工作效率。

按照显示的参数不同，显示系统一般可分为以下几种。

1. 示系统的工作条件参数：有关汽车运行工作条件和环境条件的信息。如发动机冷却水的温度、车外温度等。

2. 示系统的工作状态参数：有关汽车运行实际与理想工作状态差距及其变化趋势的信息。具体有三种显示方式：定量显示（如车速、转速显示）（图3-14）、定性显示（如侧向辅助显示）（图3-15）和警戒显示（如油量显示、水温显示）（图3-16）。

3. 显示系统的工作输入参数：有关输入信息的显示。如系统设置（图3-17）等。

4. 显示系统的工作输出参数：有关系统输出信息的显示，如导航仪显示的实时所在位置（图3-18）等。

3.3.2 操纵系统的设计（Design of control system）

汽车的行驶，是通过人的动作，对操纵装置的位置或状态进行控制或改变，来实现汽车运行的各种动作，如起步加速—匀速—减速—停止、转弯、倒车等。

3.3.2.1 操纵装置的分类（Classification of control device）

在手动操纵装置（不包含前述软界面操控，如触摸式按钮等）

图3-14
定量显示——车速/转速表

图3-16
警戒显示——油量表/水温表

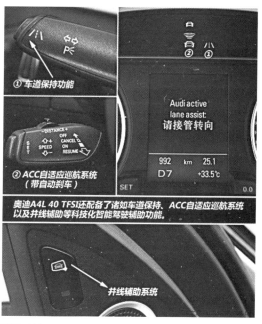

奥迪A4L 40 TFSI还配备了诸如车道保持、ACC自适应巡航系统以及并线辅助等科技化智能驾驶辅助功能。

图3-15
定性显示——并线辅助

图3-17
系统设置界面

图3-18
显示系统的工作输出参数——导航仪显示的实时所在位置

中，按照操纵器的运动方式，可分为以下三类。

1.旋转式操纵器：如方向盘、音量旋钮、温度旋钮等（图3-19），用以改变机器的某部分工作状态实现追踪或调节操控。

图3-19
旋转式操纵器——方向盘、音量旋钮、温度旋钮

2.移动式操纵器:如排挡杆、雨刮器手柄、转向手柄、手刹等(图3-20),用来使机器从一种工作状态转换到另一种工作状态。

图3-20
移动式操纵器——排挡杆、雨刮器手柄

3.按压式操纵器:如各种按钮、按键,刹车/油门踏板、脚刹等(图3-21),常用于汽车某部位机器的运行或停止等动作指令的接收,通常只有接通和断开两个工作位置。

图3-21
按压式操纵器——刹车/油门踏板、脚刹

3.3.2.2 操纵装置的一般设计原则(The general design principle of control device)

1.要适应于人的生理特点,便于大多数人的使用(95%);

2.操纵运动方向要同机器的运行状态相协调,如座椅的上下调节,操纵扳手的用力方向应与座位升降的方向一致;

3.要容易辨认和区别;

4.尽量利用自然的操纵动作或借助驾驶者身体部位的重力进行操纵;

5.在条件许可的条件下，尽量设计多功能的操纵器；

6.体量适当、形态美观、式样新颖、结构简单、触感舒适、色彩语义恰当。

3.3.2.3 操纵装置的外形设计原则（Shape design principles of control device）

1.形状与对应功能最好有逻辑联系，便于辨认和记忆；

2.形状应便于使用、用力；

3.需用手握紧的操纵装置，与手贴合部位应为球形、圆柱或其他便于抓握的三维形状（图3-22）；

4.有定位要求的操纵装置，其对应位置应有标记或限位装置；

5.脚控的操纵装置，踏板与地面一般为30°，前脚掌绕后跟的摆动范围控制在图3-23所示范围内；

6.尽量简化操纵装置的使用方法；

7.尽量用形态或握感区别不同的操纵功能，以避免误操作。

图3-22
便于抓握的三维形状——排挡杆把手形状

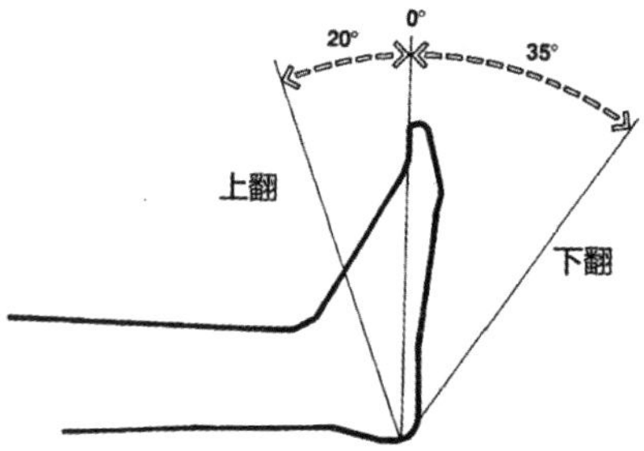

图3-23
前脚掌绕后跟的摆动范围
（图片来源：*HUMAN DIMENSION & INTERIORSPACE*）

3.3.2.4 操纵装置的排列布局原则（The arrangement principles of control device）

1.排列应符合人的操作习惯，按照合理的操作顺序和逻辑关系进行安排；

2.优先布局人的手、脚活动最灵敏、辨别力最好、反应最快、最易发力的空间范围内，并依照重要性和使用频次依次布局在较好或次要的位置，如排挡杆离右手最近，刹车/油门离右脚最近；

3.关联较多的操纵装置尽可能邻近布置，如刹车与油门踏板、排挡杆与手刹；

4.当操纵器很多时，应尽量按照功能区分布局，各区域之间用不同的位置、色彩、图案或形状加以区分；

5.操作与车辆实际运动方向一致，直线运动的操纵装置，均以前/后、上/下、左/右表示接通/切断、接合/分离、增加/减少；旋转运动的操纵装置，顺时针方向为增大，逆时针方向为减少；

6.操纵装置应尽量布置在视野范围内，以便借助视觉进行识别；

7.紧急情况下用的操作装置必须与其他常用的操作装置分开布置，安排在最显眼并且最方便操作的位置，以确保操纵的准确性和及时性；

8.操纵器与显示器配合使用时，两者之间应有良好的协调性；

9.操纵装置的空间位置与间距应符合国家标准（具体可参阅GB/T 14775—93《操纵器一般人类工效学要求》），以避免误操作；

10.操纵装置的总体布局要尽量简洁明了，易于操作，造型美观。

3.3.2.5 操纵装置的色彩定义原则（Color definition principles of control device）

基于人对于色彩的知觉特点，操纵装置的色彩定义对于操控的指示性、引导性和安全性尤为重要。我们既要注意色彩的性质，又要注意它所表现的相应内容和作用，意识到每种色彩都具备一个确定的意义。色彩的一般定义原则如下：

1.带透明透镜或漫射透镜的指示灯用红、黄、绿、蓝和白色；

2.按钮（白光下的表面色）用红、黄（或橙）、绿、蓝、黑、白和灰色；

3.按钮的色彩选择上，红色只允许用于停止按钮和紧急按钮，启动和接通按钮主要使用绿色，反复操作的启动和停止按钮或者接通和切断交替起作用的按钮，必须用黑色、灰色或白色标志，复位按钮必须使用蓝、黑、白或灰色标志，但同时作为停止或切断按钮使用时，必须使用红色标志。

常用色彩的具体标志意义见表3-6。

常用色彩的标志意义　　　　　　　　　　　　　表3-6

色彩	意义	语义	典型用途案例
红	危险或警报	警示可能的危险货需要立即采取干预措施的状态	水温超过警示线；转度超过警示线；油量低于警戒线
	停止或关闭	显示未启动状态	切断一切电源；机器都停止运行；与停止功能结合的复位按钮
黄（或橙）	小心	提示条件改变或即将改变，需采取措施或引起注意	油量偏离正常值提示；胎压偏离正常值提示
绿	安全	显示安全的运行条件或状态；允许继续运行	机器已做好启动准备；温度或压力正常
	接通或启动		启动机器的某一部分；接通设备开关
蓝	特殊信息	可表示上述红、黄、绿意义以外的任何一种意义	调节位置的选择开关；遥控的显示
白	一般信息	当使用红、黄、绿有疑问时，可以表示各种意义	除切断和停止按钮外，可用于任何意义

（表来源：自制）

3.3.2.6 操纵装置设计的其他要点（Other points of control device design）

除了上述方面，操纵装置的设计还需要考虑几个方面的因素，由于这些因素根据不同的移动产品（如汽车、拖拉机、工程机械车）而定，需要根据国家标准作对应数据的计算，多属工程设计的范畴，应该协同工程师一起设计，这里只提一下涉及的内容：

1.旋转操纵装置的设计与回转直径、操纵力、安装位置有关；

2.移动操纵装置的设计与操纵杆的手柄直径，操纵杆的长度、行程、角度、操纵力以及操纵杆所处位置有关；

3.按压式操纵装置的设计应根据人的手指端尺寸和操作要求而定，如用拇指按压和手掌按压，着力面积、压入深度和压力设计都不一样，可参考的按钮高度为5~12mm，行程为3~6mm，按钮间距为12.5~25mm，具体应查考国家标准；

4.脚控操纵装置的设计与脚踏操控的形式（如脚跟为支点的踏压、脚悬空的踏压、单脚踏压、双脚交替踏压等）、压力要求、大小腿夹角等有关。

3.3.3 工作空间（硬界面）的设计 [Work space (hard interface) design]

所谓工作空间，是指操控者工作时所需的活动空间，加上被操纵对象所占有的空间总和。工作空间的设计，应从操控者的工作行为和需要出发，对驾驶舱（空间）的显示系统和操纵系统进行相对于操控者位置的合理布局，为操控者创造安全、舒适、经济和高效的工作条件。

工作空间的设计，一般包括空间布局、座椅设计、驾驶台面设计及内饰（环境）设计等内容。

3.3.3.1 工作空间设计的一般原则（General principles of working space design）

1.从操控者的行为与需求出发，确保其安全、健康、舒适、方便。

2.上述方面的优先考虑项选择应根据不同车种和工作性质而定，在不能顾全所有要素的情况下，应折中考虑。

3.根据人体生理学、解剖学和生物力学特性，来合理布局操纵系统和显示系统，确保操控者获得较高的工作效能和工作舒适度。

4.按照重要程度对操纵系统和显示系统进行布局。将最重要的操纵装置置于最优工作区，将最重要的显示装置置于最优视域。

5.按照使用频次和操控顺序进行合理布局。将使用频次高的操纵装置布局于最佳工作区，并按照操控顺序的先后，将功能关联的操纵装置相对靠近并形成合理的顺序；对于使用频次不高但功能重要的操纵装置，或使用频率高但不特别重要的操纵装置，应该特别关注和权衡。

6.按照功能归类，将操纵装置和显示装置进行布局，相同的或相关的布置在一起，便于操控和观察。

7.工作作业面的布局应考虑操控者的最佳工作姿势、操控动作以及动作范围。

上述原则在实际设计中互相矛盾的时候，应根据具体情况，或择其重要/优先，或全面均衡。

3.3.3.2 工作空间的人体尺度（The working space of human scale）

交通工具的操控工作，需要足够的活动空间，无论是机动交通工具（乘用车、摩托车、农用车、工程车及特种车、游艇、船舶、飞机等），还是人力车（三轮车、自行车、滑板车、赛艇、滑翔机等）。工作空间与操控过程、设备、姿势、时长等因素有密切关系。男、女身高值通常参照国标或 *HUMAN DIMENSION & INTERIOR SPACE* 中第5或95百分位的数据来选取。

工作空间的设计，应按照人体测量的静态数据（结构尺寸）与动态尺寸（功能尺寸）来分别考量工作空间的两个重要方面：硬件尺度和操控功能尺度，测量方法参见2.3、2.4、2.5所述内容。

人体测量及数据处理要点如下。

1.确定要测量的人体相关部位尺度，如坐高、臂长等。

2.确定用户群体，以正确选择尺度范围。

3.确定数据应用准则。

准则1：个体设计准则——按照用户群体某特征的最大/最小值进行设计，如机动车门的尺寸，通常按照最大值（95%）设计，而操控者与操纵装置的间距，则通常按照最小值（5%）设计。

准则2：可调设计原则——对于重要的设计尺寸给出范围，使用户群体的大部分操控者能够舒适操作或使用，数据取值通常为5%~95%的范围，如座椅的前后可调范围。

准则3：平均设计原则——某些设计要素按照用户目标群体特征的平均值进行取值还是有必要的，但现在比较少用。

4.数据应用准则确定后，必要的话，还需选择合适的设计目标群体的百分位。例如主要目标群体定位为女性（95%）的时候，还应考虑次要另一目标群体——男性（5%）的使用可能性。

5.查找与目标群体特征相符的人体测量数据表，选择有关的数据值。

6.必要时数据作适当修正。例如儿童身高，如果仅参照已有国家标准的数据肯定偏矮，还应该根据最新统计数据加以修正。

7.衣着情况应考虑在内。一般国家标准的人体测量都在裸体或最少着装的情况下测定,所以应用于实际工作的空间考量,还应充分考虑着装的体量。

8.应考虑人体静态和动态测量数据的性质。例如手操控区域理论上取决于人的臂长,但实际工作范围却可以超出这个臂长所及区域,因为操控时有可能发生身体前倾/扭转、肩膀扭转的运动,这样就有效增大了手臂触及区域的半径。因此具体情况要作具体分析,不能盲目照搬国家标准的数据。如近年来青少年平均身高不断增加,如果还照搬以前的标准势必会出现误差,不符合人类社会发展的需要。

工作(驾驶)空间中人体四肢活动范围及相关尺度如图3-24所示。

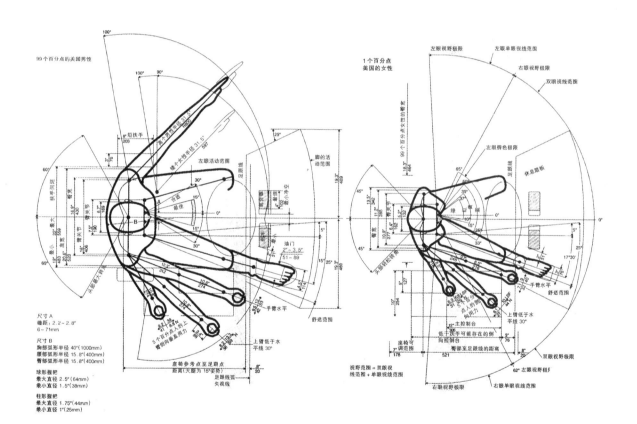

图3-24
驾驶空间中人体活动范围及相关尺度、数据
[图片来源:(美)阿尔文·R·蒂利.人体工程学图解——设计中的人体因素.]

驾驶员眼睛的色彩辨别界限如图3-25所示，驾驶员视野界限如图3-26所示。

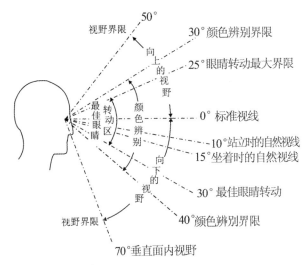

图3-25
驾驶员眼睛的色彩辨别界限
（图片来源：自制）

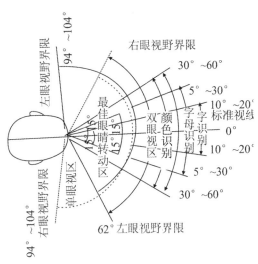

图3-26
驾驶员视野界限
（图片来源：自制）

第四章 感官体验设计要点
SENSORY EXPERIENCE DESIGN POINTS

【本章要点】
1. 感觉与认知概念
2. 硬件的视觉效果
3. 硬件的听觉效果
4. 硬件的触觉效果

工效学的宗旨是以人为本,在汽车设计中,感官体验是决定设计成败的至关重要的因素之一。这里将重点面向驾驶员和乘员,在坐姿体感舒适度、操控界面的视觉舒适度、外观与内饰色彩的感官舒适度等方面展开研究。

4.1 感觉与认知概念(Sensory and cognitive concept)

在第一章中,我们已经提及行为的概念。有意识行为和无意识行为构成了人类行为的总和。人类制造和使用工具,从而构成了人与物的关系,并通过行为表现出来,使用行为是操作、认知和感性的综合。由操作行为(有意识行为)刺激感官,到由感知加强认知,再到认知纠正行为,从认知学的角度来说,这是一个必然的由心理到行为,又从行为到心理的循环过程。

从生理学的角度来讲,人对外界刺激的反应过程,也就是人从接收刺激到做出反应并得到反馈历经了以下几步。

1. 感觉:它是感觉器官受到外界声波、光波等物理、化学量的刺激作用而得到的主观经验,它是人类认识事物的第一步,是最简单、最基本、最重要的一环。

2. 知觉与认知:是人对事物的各个属性、各个部分及其相互关系的综合的整体反映,是对感觉到的信息进一步加工处理,并赋予其相应含义及释义。

3.反应与执行：通过上一环节的处理，使大脑对于当下的情况作出判断，并主要通过人体物理动作改变或维持这一状态。

4.反馈：当人采取改变或维持系统状态的相关反应后，人再通过反馈环节来了解、评价这一反应对当前状态的作用效果。

感官反应包括"五感"反应，就是视觉、听觉、触觉、嗅觉和味觉反应。通过五感感觉到的外界信息通过大脑中枢的处理和判断，形成一个完整的影响结果，这个结果又指示大脑发出使用行为的指令。这个过程就是感觉和认知的过程。

就驾驶舱操控行为的设计来讲，五感中，视觉效果通常是第一位的，色彩、体量、形态、表面材料质感都通过视觉来辨识和认知，听觉和触觉方面则是辅助性的因素。嗅觉、味觉基本不涉及。

4.2 硬件的视觉效果（The visual effects of the hardware）

硬件的视觉效果包含四个方面的因素：硬件色彩、硬件形态、硬件材料视觉质感和视错觉。

4.2.1 硬件色彩（Hardware color）

在前面一章3.3.2.5 操纵装置的色彩定义所涉及的是具有特殊色彩语义要求的操控装置部分色彩设计要点。在汽车室内色彩设计中，还有非常重要的感官体验色彩设计，虽然对于操控行为没有直接的影响，但是室内色彩设计的正确与否，却会涉及驾驶员及乘员的心理感受，从而间接影响他们的情绪变化。

色彩对于视觉的刺激反应来说是第一位的，色彩的格调会直接影响人的认知度或认可度。在汽车内饰设计中，运用不同的配色方案，为不同的用户群体设计投其所好的室内环境。就成本和工艺而言，相比于外观造型或材料质感而言，色彩更能彰显出其轻而易举、事倍功半的功力。

对于驾驶舱操控区，色调的采用应该有利于驾驶，色彩首先应该满足的要求是对驾驶者视觉没有刺激，没有强烈的反光，仪表盘上的各种数字、刻度、指针等应该清晰，中控台上所有操纵件的色彩应该与车内材质结合（图4-1）。

在如今强调个性化的时代，不少汽车厂商推出个性化色彩操控内饰，如时尚运动版的、个性化定制版的内饰，色彩上有较大的自由度，可以根据用户群体的年龄或个人喜好来决定色彩的搭配跨度。实际上，一些色彩的使用过于鲜艳，不利于驾驶员集中精神驾驶（图4-2）。

图4-1
色调的采用应该有利于驾驶

图4-2
运动版的个性化内饰

内饰色彩的运用,也应该遵循色彩心理学的专业原理。以下列出常用色彩的视觉特征和心理影响特征。

1.黑色:高贵、强硬、冷艳、摩登、凝重,有经验丰富、技术精湛的内涵。用于内饰配色,百搭而沉稳,对于驾驶员的视觉与心境方面起到冷静和集中注意力的效果。当然一般会与金属银色或浅色系线条相配,以获得强烈对比的视觉效果。

黑色内饰通常适合于那些充满理性和智慧、自信并且神秘、精明并且干练的用户。

2.红色:火焰、力量、狂野、奔放、耀眼,有提高运动能力和增强竞争意识的效果。赛车和运动版的内饰常采用红色作为主色,以刺激和调动驾驶员的情绪,达到运动和竞争的竞技状态。在配色运用上可以使用单色或与黑色或其他色相配,视用户需求的具体情况而定。

红色内饰适合那些性格比较外向,活泼开朗,狂野率性,喜欢速度和竞技的用户。

图4-3(左)
99%黑色内饰
图4-4(右)
95%黑色内饰

3.灰色：厚重、高雅、宁静、再生，有中和或减弱外界的压力并承受压力的作用。银灰和亮灰具有城市感和时尚感，深灰和灰黑具有稳定感，有助于驾驶员冷静情绪。在配色应用上常用来与其他色搭配，单色使用也可，但较为单调，至少应与不同材质的灰色相配形成对比。

灰色内饰适合那些做事干练、教养良好且知识丰富、成熟稳重的用户。

图4-5（左）
90%红色内饰
图4-6（右）
60%红色内饰

4.白色：崇高、神圣，纯洁、纯粹，有使人心灵净化、使人感觉年轻的作用；有助于驾驶员精神饱满，心境舒爽，轻松愉悦。白色内饰较为少见，多在奢华车上有所出现。

白色内饰适合那些态度认真、多才多艺、追求完美的用户。他们大多都有一颗温柔、善良的心，通情达理，善解人意，而且家庭观念很强。

图4-7（左）
95%灰色内饰
图4-8（右）
70%灰色内饰

图4-9（左）
95%白色内饰
图4-10（右）
60%白色内饰

第四章 感官体验设计要点

5.棕色：平凡、朴素、严肃、浑厚、温暖，浅棕色能使人心境平和，情绪稳定，深棕色有助于那些缺乏安全感的驾驶员调整性格缺陷。

棕色内饰适合那些严谨、随和、中庸、理智、睿智、干练的用户；也适合那些低调或略显自卑的用户，因为棕色属于暖色调，给人安全感，可与性格互补。

图4-11（左）
90%浅棕色内饰
图4-12（右）
70%深棕色内饰

6.橙色：热闹、亲切、快乐、休闲，有提神的作用，驾驶员在橙色环境里不易犯困。橙色内饰比较小众，一般只在一些个性化车子或运动型车子里出现。

橙色内饰适合那些活动力强、精力充沛、做事效率高、对设计和色彩有一定要求的用户。他们大多竞争性强，不肯服输，喜怒哀乐都表现得很激烈，支配欲很强。

图4-13（左）
80%橙色内饰
图4-14（右）
50%橙色内饰

7.黄色：有希望、幸福、愉快等正面意义，它还代表黄金，会让人联想到太阳。黄色用于内饰，有助于营造幸福快乐的氛围，短时间内可以提高驾驶员的注意力，但黄色应用比例太大又会适得其反。

黄色内饰适合于那些遇事理性、上进心强、喜欢新事物、讨厌一成不变、好奇心强、好钻研的"挑战者"，他们往往性格独特，在人群中往往是中心人物，是理想主义者，比较孩子气，比较喜欢搞笑，能说会道。

8.蓝色：象征和平、幸福、好运和年轻，蓝色有镇静的效果，可以稳定人的精神状态，降低血压、平稳呼吸，使肌肉得到放松，还可以使人感到时间过得很快。深蓝镇静效果明显，而浅蓝则可以稳定情绪，减轻疲劳。

蓝色内饰适合于那些很讲究礼貌、为人谦虚、计划缜密、遵纪守法的用户，浅蓝色适合非常感性、能自如表达内心想法的人，而深蓝色比较适合那些比较理性、喜欢凌驾于他人之上的独立性格的用户。蓝色是对人的直觉有刺激的颜色，心情好的时候能够激发潜能，但没精打采的时候遇到蓝色反而适得其反。

图4-15（左）80%黄色内饰
图4-16（右）10%黄色内饰

9.绿色：安定、稳定、和平，绿色对神经系统具有镇静和镇痛的双重效果，可以放松视神经。绿色还可以帮人果断下定决心。

绿色内饰适合于那些社会意识比较强，好奇心强，态度认真，个性率直，待人礼貌，沉着冷静，性格温厚的人。浅绿或绿中带黄的颜色，适合于友好、圆滑的人，而深绿则适合于社会关系或家庭关系简单的人。

图4-17（左）40%蓝色内饰
图4-18（右）30%蓝色内饰

图4-19（左）
90%绿色内饰

图4-20（右）
20%绿色内饰

10.紫色：紫色是高贵和低俗的代称，使用方法不同，效果截然不同，浪漫、梦幻也是紫色的显著特性。一般是女性的专属颜色。

紫色内饰适合于那些对自己和别人要求很严，直觉敏锐、准确，也颇有组织才能（还很性感、冷艳），感情比较浪漫的女性用户。深紫显得高贵，适合希望自己高贵的女性，而淡紫是创造之色，适合设计师和音乐家，因为它能让人具有非凡的创造力。

图4-21（左）
90%紫色内饰

图4-22（右）
70%紫色内饰

4.2.2　硬件的视觉形态（The visual form of hardware）

形态对于人的视觉感官影响也是相当大的。在内饰设计中，适当的形式语言应用，可以对应区别出不同形态喜好的用户人群。

如著名的MINI Cooper充满了带有金属质感的圆形仪表盘及圆形的操控键（图4-23）：位于转向盘后方的是一个圆圆的转速表，中控台上方是一大两小三个圆形表盘对称布置，开门扳手和变速杆饰圈等，也几乎都以金属质感的圆形为主，营造出一个似乎用圆形搭建起来的驾驶舱界面（图4-24）。这种特殊的形式语言，赢得了很多喜欢英伦绅士风格的用户。

图4-23（左）
Mini Cooper 带有金属质感的圆形仪表盘及圆形的操控键

图4-24（右）
用圆形搭建起来的驾驶舱界面

4.2.3 硬件材料的视觉效果

汽车内饰材料多种多样，金属的、塑料的、皮革的、木材的、纤维的等，不同的材料，给人的视觉效果都是不同的。

各种材料的视觉特征见表4-1。

各种材料的视觉特征　　　　　表4-1

材料	视觉特性
金属	人造、坚硬、光滑、理性、拘谨、现代、科技、冷静、凉爽、笨重
塑料	人造、轻巧、细腻、艳丽、优雅、理性
皮革	柔软、感性、浪漫、手工、温暖
木材	自然、协调、亲切、古典、手工、温暖、粗糙、感性
纤维	人造、温暖、亲切、优雅、细腻
陶瓷	高雅、明亮、时髦、整齐、精致、凉爽
橡胶	人造、低俗、阴暗、束缚、笨重、呆板、阻滞

（表来源：自制）

其中，金属材料的视觉属性又细分为（表4-2）：

金属材料的视觉属性　　　　　表4-2

金属材料	材料属性		材料视觉特性
金属材料	粗糙度	光滑	人造、坚硬、光滑、理性、拘谨、现代、科技、冷静、凉爽、笨重
		纹理 / 规则纹理	
		纹理 / 自由纹理	
	透明度	不透明	
	反光度	高光	
		亮光	
		亚光或无光	

（表来源：江湘芸.设计材料及加工工艺.）

第四章　感官体验设计要点

塑料的视觉属性细分为（表4-3）：

塑料的视觉属性　　　　　　　　　表4-3

	材料属性			材料视觉特性
塑料	粗糙度		光滑	人造、轻巧、细腻、艳丽、优雅、理性
		纹理	规则纹理	
			自由纹理	
	透明度		不透明	
			透明	
	反光度		高光	
			亚光或无光	

（表来源：自制）

4.2.4　视错觉（Visual illusion）

视错觉是人的生理和心理原因引起的对外界实物的错误知觉，在工效学设计中，可以利用或夸大视错觉的现象，以获得满意的心理效应。例如在客舱和驾驶舱的内部装饰设计中，常采用横向线条划分所产生的视错觉来改善内部空间的狭长感，使空间显宽；或者利用适当的纵向线条划分所产生的视错觉来增加内部空间的透视感，使空间显长；此外，还可以通过适当降低内部设施或家具的高度，利用对比错觉来产生扩大空间高度的效果，以改善由于空间低矮而引起的沉闷和压抑感。

4.2.5　灯光视觉效果（Lighting visual effects）

车内灯光主要包含照明灯（图4-25）和氛围装饰灯（图4-26）。
车内灯光系统是整车设计中最容易忽略的部分，不合适的车内灯光同样会对驾驶安全产生影响，一些车的车内灯安装位置不合适，亮度过度亦或是颜色过于刺眼，都是不可忽视的问题。

图4-25（左）
照明灯
图4-26（右）
氛围灯

实际上车内灯光不仅关系到整车的舒适度，同时还能提升整车的档次。例如凯迪拉克SLS赛微车内的LED灯光系统被命名为"凯迪拉克白色"（Cadillac White），这不仅是SLS赛威这一凯迪拉克旗舰商务车型超前理念的代表，更是SLS赛威诸多精妙设计的一个缩影（图4-27~图4-29）。

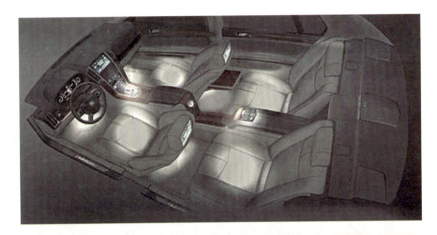

图4-27
照明灯：柔和舒适的敞亮空间

图4-28
气氛灯：营造雅致的剧院氛围

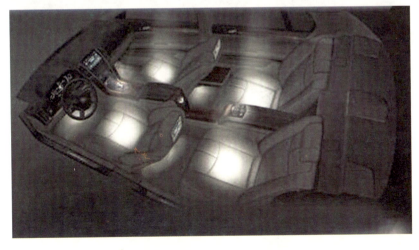

图4-29
阅读灯：独享私密的尊贵感受

（注：图4-1~图4-29均来源于网络。）

第四章　感官体验设计要点

4.3 硬件的听觉效果（Hardware sound effects）

听觉信息靠语言或者声音传递，它的优点在于信息向四面八方传播，不受方向的限制，驾驶者可以在驾驶过程中方便地接收信息，其中听觉信息是利用语音信息还是单纯的声音信息要看情况而定，表4-4为语音信息和声音信息各自的特点。

语音信息和声音信息各自的特点　　　　表4-4

听觉信息	声响信息	语言信息
信息内容	意思简单	意思复杂
信息的时间性	告知某一时刻的情况	可以告知将要做的事情
信息的交换性	单方面的	双方面快速交换
信息源	不一定明确	明确
周围条件（如噪声影响）	不易受到干扰	容易受到干扰
对方条件	须事先指导信号的含义	不需要时限规定任何条件
要求对方行动的时间性	要求立刻行动	需要经过判断后行动

（表来源：自制）

一般情况下，在车内需要的提示状况种类并不多，其中最频繁的应该是系安全带的提示，此类提示信息简单，因此绝大多数车辆只需要声响信息就提示乘车人员（图4-30）。

图4-30
佩戴安全带只需要声音提示
（图片来源：网络）

另外，随着科技的普及，导航的使用越来越普及，它在给人带来指路便利的同时，也一定程度上降低人本身识别道路的能力，导航通常具备视觉和听觉的双重信息，而作为驾驶员而言，听觉信息尤为重要，这个时候传递的信息具有一定的复杂程度，所以最好以语音信息形式发送，同时语音信息传递后需要驾驶员有预留处理信息作出判断的时间，因此，一般导航语音信息需要有一定的提前性，而当驾驶员行驶路线错误的时候需要简单的音响提示，同时导航立刻作出线路调整，再利用语音提示将车辆导航回到正常路线（图4-31）。

图4-31
导航仪的语音提示加图示
（图片来源：网络）

4.4 硬件的触觉效果（Hardware haptic effect）

4.4.1 触觉分类（Touch perception classification）

触觉通常可以分为两类：

1.触—压觉：按照所受刺激的强度不同，又可分为接触觉和压觉，轻轻地刺激产生接触觉；刺激强度增大就产生压觉。触—压觉没有人手主动运动的参与，所以也成为被动触觉。

2.触—摸觉：是皮肤感觉与肌肉运动感觉的结合，也称为皮肤—运动觉或触觉—运动觉。触—摸觉是在高级神经支配下，通过手的运动感觉与皮肤感觉把信息传给大脑，经大脑综合分析后，判别出人的肢体与被触摸的物体之间的相对空间位置。由于触—摸觉有人手主动运动的参与，故又称为主动触觉。

触觉感受器引起的感觉是非常准确的，触觉的生理意义是能够辨别物体的大小、形状、硬度光滑度以及表面肌理等机械性质的触感。在人机系统的操控硬件设计中，可利用人的触觉特性，设计具有各种不同触感的操控装置，从而使用户能够依靠触觉准确地控制各种不同功能的操控装置。

4.4.2 触觉编码（Tactile coding）

在复杂的人机系统中，操纵器的数量很多，为了确保操控的快捷性、准确性和便利性，就应当利用触觉功能，通过合理的触觉编码来帮助用户进行操控器的辅助识别记忆。常用的触觉编码方式有大小编码、形状编码和位置编码。

1.大小编码：对物体的大小甄别是触觉重要的空间识别功能，包括通过触觉识别物体的长度、面积、体积等方面。就长度辨别而言，感知较大长度比较小长度要好；移动状态的触摸，顺着长度方向的触摸往往容易低估，而垂直于长度方向的触摸，则易于高估。

2.形状编码：触觉的形状感知，很大程度上依赖于主动触觉的感知。而手部对于物体的触知觉，能够帮助人快速而精准地感知二维或三维的形状。因此，对于具有多种操控器的人机系统来说，为了减轻视觉负担，改善操作的条件，可将操控器形状进行各不相同的形状编码或有明显尺度变化的同种形状编码，或这两者的混合编码，以利用触知觉来进行辨别（盲控操作）。当然，为提高辨认的准确率，还可以附加符号、字母、数字、颜色等配合视知觉进行多维识别记忆。

对于早先机械式飞机控制系统而言，飞行员经由机械装置可以感受到作用于飞机各个舵面上的气动力。这种触觉反馈增强了飞行的安全性。

例如战争时期，在Avro Vulcan喷气轰炸机上，人们就利用一种弹性装置来实现这种控制反馈。通过移动该装置的支点，人们可以使反馈力（对于升降舵）与空速的平方成正比。这样，高速飞行时所需的操纵力量就迅速增加了（图4-32）。

触觉反馈的负面例子，仍然以战争时期的飞机操控手柄设计为例。1942年，第二次世界大战时期，有很多战斗机坠毁的蹊跷事故，并不是因为被敌军炮火击落，而是自己坠毁。研究人员调查发现，驾驶舱里的操控手柄（图4-33）除了颜色不同和位置，形状基本相同，都是球形手柄，也就是说假如不看色彩，触觉上没有任何区别，这使得飞行员在复杂的驾驶动作中产生记忆紊乱，紧急或紧张情况下产生

图4-32（右）
Avro Vulcan 喷气轰炸机的驾驶舱操纵杆的触觉编码
（图片来源：网络）

图4-33（左）
驾驶舱里的操控手柄
（图片来源：网络）

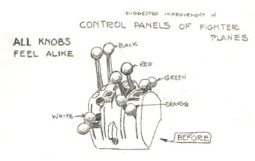

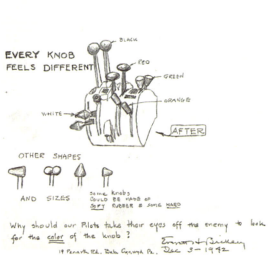

068　产品与移动·行为心理与操控设计

误操作，导致飞机突然失控坠毁。根据这一发现，设计师对操控手柄重新进行了设计，他们在操作手柄原有色彩区分的基础上，把原来的球形手柄按照功能不同分成了若干组，并使每组操控手柄在形状和质感（粗糙/光滑、软/硬）上加以区别，使每一组手柄都具有视觉（色彩、形态）和触觉（质感）的典型特征。从那以后，新一代改良的战斗机再也没有因为操控手柄的问题而发生空难事故。

3.位置编码：人对于空间相对位置的记忆，是以人的躯干作为参照系，通过手或脚的主动触觉，将所获得的信息输入大脑，经综合分析后形成位置识别。如若许多形状、大小相同或近似的操控器（例如按钮）排列在一起，仅采用触觉位置编码（盲触）来排布，则相邻按钮间距必须保持一个适当的数值，通常垂直面板上排列间距需要12cm，水平面板上间距需要20cm。但事实上像空间比较局促的驾驶舱操控面板上拥有大量的操控按钮，而且驾驶员通常都结合视觉和触觉来复合辨识，因此上述设计单独的位置编码并不适用，而更加科学的是采用视、触觉相结合的复合编码形式。

值得注意的是位置编码方式如果不按照常规设计或习惯设计，有可能会带来误操作甚至出现危险，克莱斯勒的切诺基吉普就曾经出现这样的问题（图4-34）。

20世纪90年代，切诺基出现了许多意外踩踏油门的事故。通常情况下，刹车踏板位于方向盘中线右方，如图中福特金牛的蓝色位置，这是常规设计，也是依据长期以来自然形成的刹车位置习惯形成的设计。但是当时由于切诺基吉普车的大型传动装置的隆起部分，把刹车踏板位置挤到了左边，这样一来，脚和刹车踏板的距离增加了不少，刹车踏板因为离右脚太远而难以踩到，加上人们一直习惯于原来的位置编码，本来想踩刹车却结果踩到了油门，无形中导致了悲剧的发生。后来设计师把传动装置进行了位置改变，把油门刹车挪回习惯位置，事故便不再发生了。

有趣的是，自动挡Jeep的油门刹车位置编码近年来又出现了革命性的变化，设计师把刹车踏板直接移到了左脚的操控区域，而右脚操控区只留下油门踏板，这样的变革性质与往日的左移设计完全不同，它更多地给自动挡驾驶增添了不一样的乐趣，也易于操控，只是习惯上需要稍加适应，这种变革是否合理，需要时间来加以证明，至少目前还仅是非常小众的设计。

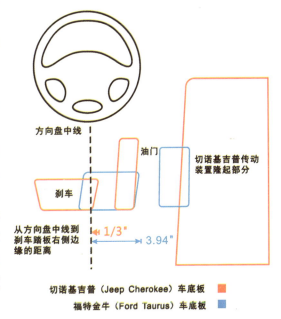

图4-34
克莱斯勒的切诺基刹车、油门问题
（图片来源：网络）

第五章 发现问题的方法
METHODS OF FINDING PROBLEM

【本章要点】
1. 行为观察法
2. Ishikawa法
3. 5WHY分析法
4. 行为观察法/鱼骨图分析法/5WHY法的相互关系
5. 鱼骨图和5WHY法在工业设计领域的应用实例
6. 驾驶舱的行为与操控问题的分析与解决

5.1 行为观察法 (Behavioral observation)

行为观察法种类很多，常用的有以下几种：

行为观察法的种类　　　　　　　　　　　　　　表5-1

行为观察法	定义
自然观察法	自然观察法是指调查员在一个自然环境中观察被调查对象的行为和举止
实验观察法	由观察者设定相关要素对目标人群的行为过程进行测定的方法，所设置的场景越接近自然，被观察者的行为就越接近真实
体验观察法	观察者作为普通用户一员参加到其中的体验观察
有组织观察法+谈话法	由复数观察者从不同的侧面加以观察的有组织观察，并加以谈话
掩饰观察法	在不为被观察人、物，或者事件所知的情况下监视目标人群的行为过程
机器观察法	在一些特定的环境中，机器可能比人员更便宜、更精确和更容易完成工作

（表来源：自制）

5.2 Ishikawa法

因果图（Cause and Effect Diagram），是由日本质量控制兼统计

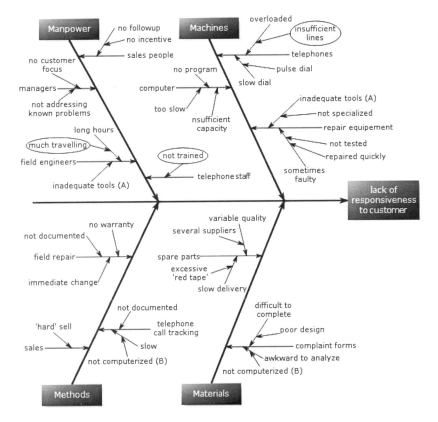

图5-1
石川图或Ishikawa法
（图片来源：网络）

专家石川馨（Kaoru Ishikawa）教授发明的一种图解法，用以辨识和处置事故或问题的原因。因果图以图表的形式指出造成某种结果的各级原因之间的等级关系。因果图还被称为石川图或Ishikawa法（图5-1）。

由于因果图长得像鱼骨，所以因果图又称鱼骨图（Fishbone Diagram）。鱼骨图是一种非定量工具，它可以帮助我们找出引起问题潜在的根本原因，它使我们发问：问题为什么会发生？是什么导致了这个问题的发生……

鱼骨图通常搭配头脑风暴法（Brain Storming）进行。

5.2.1 鱼骨图的分类（Classification of the fishbone diagram）

鱼骨图的组织关系如图5-2所示，基本结构如图5-3所示。注意：绘制时，骨与骨之间夹角为60°或120°。

鱼骨图可分为三类：

1. 整理问题型（Problems finishing）

此类鱼骨图的鱼头通常在右，各要素与特性值间不存在因果关系，而是结构构成关系，如图5-4所示。

图5-2
鱼骨图的组织关系
（图片来源：自绘）

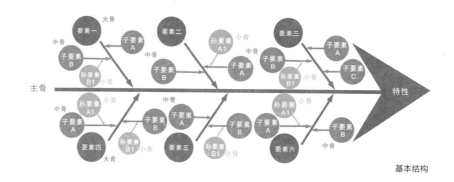

图5-3
鱼骨图基本结构
（图片来源：自绘）

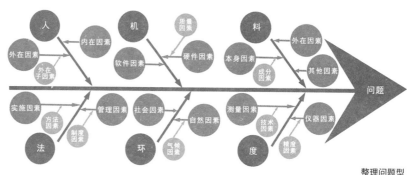

图5-4
整理问题型鱼骨图
（图片来源：自绘）

2.分析原因型（Analysis of the causes）

此类鱼骨图的鱼头通常在右，与整理问题型相同，特性值通常以"为什么"等为主（图5-5）。

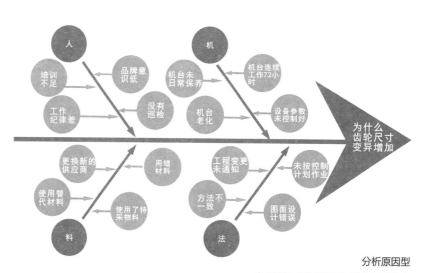

图5-5
分析原因型鱼骨图
（图片来源：自绘）

3.研究对策型（Countermeasures researching）

此类鱼骨图一般鱼头在左，特性值通常以"如何提高/改善"等为主（图5-6）。

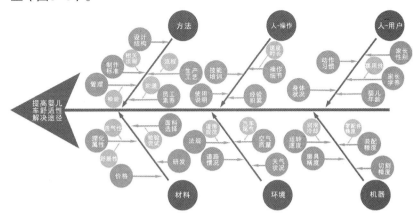

图5-6
研究对策型鱼骨图
（图片来源：自绘）

研究对策型
鱼头在左，特性值通常以"如何提高/改善"为主

5.2.2 鱼骨图六要素（Six elements of fishbone diagram）

由上述三类鱼骨图可以看出，鱼骨图通常包含六个要素内容："人"、"法"、"机"、"料"、"环"、"度"（也可以是其中部分要素，如图5-6所示）具体如下。

人（Man）：包含在工作过程或问题中的人；

法（Methods）：工作过程进行的方法以及具体要求，如政策、程序、规程、条例和法规；

机（Machine）：用以完成工作的设备、计算机、工具等硬件因素；

料（Material）：原材料、零部件、笔、纸等材料因素；

环（Environment）：工作所处的地点、时间、温度、文化等环境因素；

度（Measurement）：（可选）工作过程中生成的用以评价工作质量的数据。

5.2.3 绘制步骤说明 (Drawing steps)

首先在鱼头纪录或写下"待解决之问题"（例如城市交通问题）某一表征观测现象（例如堵车）——再由鱼骨图表达原因与结果关系，便可产生反鱼骨图来表达问题解决步骤与模式。注意：画出干线主骨、中骨、小骨后，不同骨之间的夹角为60°。

5.2.4 鱼骨图的优势/优点(Fishbone diagram superiority / advantage)

1.全盘考虑造成问题的所有可能原因，而不是只看那些显著的表面原因。
2.通过结构性的工作方法，找出造成问题的根本原因。

第五章　发现问题的方法

3.鼓励团队参与，运用集体智慧。

4.关注于因果分析，而无不相干的抱怨或争论。

5.运用有序的、便于阅读的图表格式阐明因果关系。

6.项目过程中，团队成员个人的学习、理解和分析，亦有利于增强组织的流程知识。

7.辨识信息缺乏、研究不深之处，亦即后续学习、研究领域。

食鱼之时，卡住喉咙的往往不是大的鱼骨，而是最小的一根刺。鱼骨图分析法便是要层层分解，找出喉中最小的刺，即可抓住解决问题的关键。

工业设计中三种鱼骨图都有用武之地，借助六个要素的全面分析（要素可缺省，视需要而定），可以在产品研发、产品改良设计等方面进行快捷、科学而有效的分析，从而准确地找出问题的症结，发现设计的切入口，最终得出解决提案。

5.3 5WHY分析法（5WHY analysis）

鱼骨图的分析通常搭配5WHY法或头脑风暴法（Brain Storming）进行。

所谓"5个为什么"，并不是一定要追问5次，只要找到真正原因即可，4次或8次都有可能。这种方法最初由丰田佐吉提出，后来，丰田汽车公司在发展完善其制造方法学的过程之中也采用了这一方法，作为丰田生产系统（Toyota Production System）的入门课程的组成部分，这种方法成为其中问题求解培训的一项关键内容。

将鱼骨图中的每个要素中包含的子要素和孙要素尽可能多地罗列出来，然后采用5WHY分析法对每个要素进行追问，尽可能多地追问下去，就可以非常全面、系统地填充完成整张因果图。

5WHY法主要适用于单一问题的原因追问。

5.3.1 5WHY法的基本内容（The basic contents of the 5WHY）

5WHY分析法一般从三个层面来实施：

1.为什么会发生？从"制造"的角度。

2.为什么没有发现？从"检验"的角度。

3.为什么没有从系统上预防事故？从"体系"或"流程"的角度。

每个层面连续5次或N次地询问，得出最终结论。只有以上三个层面的问题都探寻出来，才能发现根本问题，并寻求解决。

图5-7
5WHY分析法的基本框架
（图片来源：自绘）

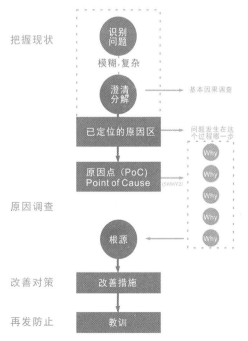

5WHY分析法的基本框架如图5-7。

5.3.2　5WHY法分析的基本步骤（The basic steps of 5WHY）

分析法问题解决方法的基本步骤如下（图5-8）。

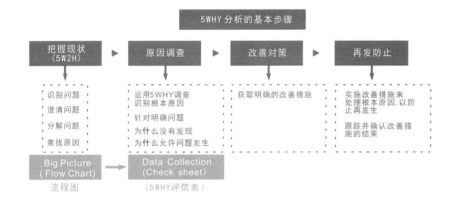

图5-8
5WHY分析的基本步骤
（图片来源：自绘）

第一部分：把握现状

步骤1：识别问题。

步骤2：澄清问题。

步骤3：分解问题。

步骤4：查找原因要点（PoC）。

步骤5：把握问题的倾向。

第二部分：原因调查

步骤6：识别并确认异常现象的直接原因。

步骤7：使用"5个为什么"调查方法来建立一个通向根本原因的原因/效果关系链。

第三部分：改善对策

步骤8：采取明确的措施来处理问题。

第四部分：再发防止

步骤9：总结教训与反思。

步骤10：填写5WHY评估表。

5.3.3　5WHY法的优势和优点（5WHY's superiority / advantage）

1.满足用户的需求。

1）找出问题发生的根源，彻底解决它。

2）对缺乏的能力作出说明以便发现问题。

3）重视潜在的系统问题。

2.格式容易被所有人理解。

1）为什么——为什么图表会把因果路径简单地呈现出来。
2）因果会被概括成摘要而不需要技术细节。
3.提供一种大众语言而不必去考虑使用方法。

5.3.4　5WHY法的注意事项（Notes for 5WHY）

1.总的指导方针。
1）要天真一些。
2）要绝对客观。
3）不要认为答案是显而易见的。
4）如果你自己不完全熟悉过程，就组建一个多功能的工作组来完成分析。

2.若问题的答案有一个以上的原因，则应找出每个原因的根源。

3. 5WHY法最好用评估表记录每一个分析细节和要点，评估表模版如图5-9所示。

图5-9
5WHY法评估表
（图片来源：自绘）

不良名称		制定者		评估日期		评估者
NO	评估标准(Check Point)		评估分数		备注栏	
			满分	得分		
1						
2						
3						
……						
	合　　　计					

5.4　行为观察法/鱼骨图分析法/5WHY法的相互关系（Relationship among behavioral observation, fishbone diagram analysis and 5WHY）

简单地说，这三种方法对于问题的发现可以说是递进运用或相互关联的关系。总体上，鱼骨图是发现问题的大框架，而行为观察法可以为鱼骨图中某些中骨或小骨寻找对应的细节问题和现象。对应这些细节问题和现象，又可以用5WHY法追问中原因和小原因，甚至孙原因或曾孙原因。通常，5WHY法用于追问单线的或简单的问题原因。

产品与移动·行为心理与操控设计

5.5 鱼骨图和5WHY法在工业设计领域的应用实例（Fishbone Diagram and 5WHY in the field of industrial design application examples）

5.5.1 用鱼骨图展开问题分析（Fishbone diagram analysis）

现有产品存在问题的分析，往往会涉及多个方面，工业设计师采用鱼骨图的分析方法会使思维脉络变得非常清晰，人、机、料、法、环、度六个要素的铺开（也可去掉其中无关的要素），逐一分析各要素的主要问题，逻辑关系清楚，层次分明。鱼骨图虽然形式刻板，但内容并非教条，易学易懂，无论是在教学还是实际应用方面，都具有使用价值，既便于师生交流，也便于设计师与客户间的交流。比之通常采用的"头脑风暴"或"思维导图"要快捷、简便，而最终发现的问题所在却是直观、准确的。

如在分析校车安全性问题这个案例（参阅第七章案例图片）中，就是按照鱼骨图的基本形式画出鱼骨框架，形成图5-10所示的问题整理型鱼骨图雏形。从该图中可以清晰地看出，除了"度"以外的五个要素中有众多影响因素。

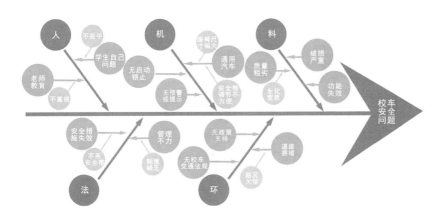

图5-10
校车安全问题鱼果图
（图片来源：自绘）

由鱼骨图可以看出，"人"、"法"、"机"的因素中有一个交集，关键词是"安全带"、"学生"。也就是说学生自身的原因和安全带设计的客观原因，是校车安全问题的一个重要环节。如何来进一步剖析这两者的关系，进而发现问题所在？我们可以采用下面的5WHY来完成。

需要说明的是以下方面。其一，通过调查，我们发现"环境"因素下的几个要点，如道路交通的法律法规、道路拥堵等因素，不是工业设计所能够解决的能力范围，而"材料"因素则是一个维护保养的问题，也不能列入工业设计所能解决的能力范畴；至于没有在图5-10

所示的因果图中出现的"测量"要素，因为跟校车运行中的安全问题没有必然联系，所以这里不作讨论。其二，与国外校车上的安全带系统的问题及解决方案（以美国为例）不具可比性，因为美国校车上根本不设安全带，前提是美国有足以保证校车行驶安全的车速及礼让交通法规，外加美国普通学校均接纳残障儿童就读，校车里如果设置安全带系统，紧急情况下反而不利于逃生，因此本课题所应对的问题仅限中国范围。

5.5.2　用5WHY法追问问题症结（Questioning the crux of the problem with 5WHY）

围绕图5-10所示鱼骨图的"人"、"法"、"机"三要素，用5WHY的跟进来分析"安全带"与"学生"的问题。

1.基于"机"引出的问题5WHY法分析 (5WHY analysis based on "MACHINE")

问题1：为什么校车安全有问题？
答案1：因为校车是通用巴士。
问题2：为什么通用巴士有问题？
答案2：因为安全带不好用。
问题3：为什么安全带不好用？
答案3：因为那是普通的两点式安全带，佩戴不便。
问题4：为什么两点式安全带佩戴不便？
答案4：因为皮带太长，每次需要调整，很麻烦。

讨论：两点式安全带结构是否适合校车座椅使用？类似小汽车前排座椅使用的三点式安全带自动收缩系统位于汽车侧壁，与座椅没有关联，并且是单座单用，而校车一排座椅至少四个，如要采用自动收缩的三点式安全带系统，本身结构与安装位置上应如何改造？

2.基于"人"引出的问题5WHY法分析 (5WHY analysis based on "MAN")

问题1：为什么学生不愿意系安全带？
答案1：因为学生觉得无所谓，或者不好玩。
问题2：为什么学生觉得无所谓或不好玩？
答案2：因为系安全带没有好玩的过程或系好后没有奖励。
问题3：为什么系安全带没有好玩的过程或系好后没有奖励？
答案3：因为是成人巴士的安全带，完全需要自觉行为，不需要好玩或者奖励。

讨论：儿童乘坐的现有校车，均为普通巴士，安全带的设计是否符合儿童的心理需求和行为需求？是否应该考虑通过设计，正面引导或诱导儿童主动佩戴安全带？是否应该考虑给自觉佩戴的儿童以某种奖励回馈？

3.基于"法"引出的问题5WHY法分析（5WHY analysis based on "METHODS"）

问题1：为什么安全措施失效？

答案1：因为安全带系与不系跟汽车控制系统无关。

问题2：为什么安全带系与不系跟汽车控制系统无关？

答案2：因为安全带系统与汽车控制系统没有内在控制联系。

问题3：为什么安全带系统与汽车控制系统没有内在控制联系？

答案3：除飞机及小汽车前排座椅以外，普通大巴都没有这样的设计。

讨论：是否应该将安全带系统与汽车控制系统联系起来，形成某种运行制约或自动提醒、警示功能？但汽车驱动系统与安全带系统互相联动，理论上可行，而在现实中很少采用。

5.5.3 发现设计切入点（Design points found）

通过上述基于"人"、"法"、"机"三要素的5WHY追问和讨论，可以基本得出校车安全问题的症结。就此，可以发现校车安全带系统全新设计的切入点，其关键词应该是："自动调节长度"、"三点式安全带"、"方便操作"、"好玩"、"舒适"、"系统联动"、"奖励反馈"等。

5.5.4 解决方案（Solution）

由上述设计切入点关键词，最终得出的全新安全带设计要点是：

1.椅背固定的可自动伸缩三点式安全带形式——自动调节长度，以适合不同坐高的儿童佩戴；

2.嵌入座椅（椅面）的安全带固定卡座——方便快速、简单操作；

3.带卡通图案的卡口装饰——结合儿童心理需求，增加安全带操作的视觉吸引力；

4.根据人机工学尺度（儿童身体尺寸）设计的安全带（椅背）两点固定高度——提高佩戴舒适性；

5.在带身上包裹带卡通形象的毛绒外套——增强安全带佩戴舒适感，附带毛绒玩具抚摸把玩的功能（胸前的毛绒玩具抚摸动作可以给儿童心理上的安全感）；

6.每个座椅可有不同的安全带卡通毛绒外套——引起儿童的好奇心；

7.安全带卡扣插上的奖励回馈——未系前毛绒玩具搁置背后很不舒服，系后放在胸前可以抚摸把玩；

8.与小汽车前排座椅类似的安全带提示——未系安全带落座的警

示音和警示灯提示——方便驾驶员或随车教师的随时监控以及同学间的相互提醒。

5.6 驾驶舱的行为与操控问题的分析与解决 （Analysis and solutions for the problems in behavior and controlling in cockpit）

同样借用鱼骨图法或5WHY法，我们可以分析问题并找出解决问题的方案（参见第七章作业案例）。对于驾驶舱的行为与操控问题，解决问题的关键在于：

1.可视性——用户一看就明白仪表板和操控系统的状态和可能的操作方法；

2.正确的概念模式——设计师提供给用户一个正确的概念模型，使操作按钮的设计与操作结果保持一致；

3.正确的匹配——用户可以判定操作与结果，控制器与其功能、系统状态和可视部分之间的关系；

4.反馈——用户能够接收到有关操作结果的完整、持续的反馈信息。

第六章 操控与可用性评价
Controlling and Usability Evaluation

【本章要点】
1. 可用性
2. 可用性评价

6.1 可用性（Usability）

"在进行伟大的设计之前，你必须解决可用性问题。可用性也必须令人满意。"①

'You have to get beyond usability for great design. It has to be desirable too.'

科学技术的快速发展实现了产品功能的日趋完善，同时，也加深了人们对产品功能的复杂化和使用的简便性需求的矛盾，这种矛盾导致了产品普遍存在的可用性问题，因而针对改善这一矛盾并以用户为中心的产品可用性研究必然具有重要的应用意义和研究价值。

国际标准化组织在ISO 9241-11（Guide on Usability）中对可用性作出如下定义：产品在特定的使用环境下为特定用户用于特定用途所具有的有效性（Effectiveness）、效率（Efficiency）、用户主观满意度（Satisfaction）和利用状况（Utilization status）（图6-1）。简单地讲，可用性是指产品可使用的程度，或是产品满足用户需求的程度，可用性是产品的一个基本属性，可用性是衡量使用者体验质量的尺度，它整合了多种元素，

图6-1
可用性评价定义
（图片来源：自绘）

---

① （美）布伦纳等著.至关重要的设计.廖芳谊，李玮译.北京：中国人民大学出版社，2012：27.

如设计、功能、结构、信息体系等，它的定义是模糊的，相对的。可用性也表示产品开发期间改进易用性的各种方法。

6.1.1 有效性（Effectiveness）

有效性指的是用户完成特定任务和达到特定目标时所具有的正确和完整程度。

设计要点：

1.保持信息和操作的连贯性，确保"信息获得"——"理解、判断"——"操作"的各环节的流畅信息提示的构造和操作方法、配置排列以及用语的一致性；

Maintaining continuity of information and operations to ensure "access to information" — "to understand, to judge" — "operation" of the various components of the structure and flow of information prompted methods of operation, configuration, arrangement, and the consistency of terminology;

2.初次使用或忘记方法的时候，能得到操作和思考的线索；

Forget the Method or use in the first time, can get clues to the operation and thinking;

3.画面的表示和操作的顺序单纯明了；

Screen that the order of simple to understand and manipulate;

4.便于从大量的信息中检索到特定的信息；

Easy to retrieve information from a large number of specific information;

5.通过使用一览表的方式，便于整体把握使用功能、操作的总量、操作的范围、表示的内容等；

By using the checklist approach, easy to use function to grasp the overall operation of the total operating range, that the content;

6.在信息要素及人与机器之间建立起对应关系；

In the information elements and between man and machine to establish the corresponding relationship;

7.信息的种类和质的差别明白易懂；

Total class and quality of information easy to understand the difference;

8.对用户有关设计对象产品的所有系统形象和操作概念加以考虑；

Products for users of all the design objects and operating system images concept to be considered;

9.提供便于用户判断使用状况的多方面信息；

Provide an easy to use user to determine the status of various information;

10.使用切合用户水平的用语和信息，减轻记忆负担；

Use the level to meet the user's language and information to reduce the burden of memory;

11.信息的一次提示；

Information of a prompt;

12.图表等记号线索；

Charts mark clues;

13.不是默记规则，而是通过菜单来选择。

Not memorizing the rules, but through the menu to select.

6.1.2 效率（Efficiency）

效率指的是用户完成任务的正确和完整程度与所使用资源（如时间）之间的比率。

设计要点：

1.对用户的身体不构成危害或潜在的危害；

The user's body does not pose a hazard or potential hazard;

2.用户不感到身体的痛楚和疲劳；

Users do not feel physical pain and fatigue;

3.减轻身体负担；

Reduce the body burden;

4.操作时无别扭的感觉；

Operation without feeling awkward;

5.舒适的姿势；

Comfortable position;

6.不需体力；

No physical;

7.操作行为的简单化，避免同时进行两个动作以及细致微妙的操作；

Operating behavior of the simple, to avoid two simultaneous actions, and detailed subtle operation;

8.可以单手操作；

Can operate with one hand;

9.能够友好地对应用户的知识、经验、熟练程度和喜好；

Correspond to the user knowledge, experience, proficiency and preferences friendly;

10.通过手续的自动化、输入操作的最小化，减少用户的操作量，提高操作效率。

Through automated procedures, to minimize the input operation, reducing the user's operation, improve efficiency.

6.1.3 满意度（Satisfaction）

满意度指的是用户在使用产品过程中具有的主观满意和接受程度。

Satisfaction refers to user subjective satisfaction and acceptance degree in the process of using a product.

满意度的评价，不仅在于使用效果方面，更重要的在于使用心情及其他感性的侧面。

Satisfaction evaluation, not only the use effect, more important is the use of mood and other emotional side.

用眼动仪追踪视线轨迹，来对人的情感加以科学分析，并将人类的感性转换为具体的形和色这样的物理性设计要素。

Line of sight with the eye tracking system, to track trajectory to be on the scientific analysis of human emotion, and human sensibility into the physical design elements, such as specific shape and color.

设计要点：

1.激发用户的使用欲；

Stimulate the user's desire;

2.提供积极、主动使用的乐趣；

Provide a positive, proactive use of the fun;

3.使用户感觉到能够顺利完成操作的喜悦和成就感；

Allows the user to feel the joy of the successful completion of operation and achievement;

4.关注用户的主动性，使用户始终可以按照自己的意志来选择操作；

Attention to the user's initiative, so that users always have the will to choose their own operations;

5.与用户建立起一种信赖关系。

Establish a trust relationship with the user.

材料——设计——感性关系的主要内容（表6-1）：

Materials—design—emotional ties main elements (Table 6-1):

材料——设计——感性关系的主要内容　　　　　　　　　　　表6-1

造型设计 Modeling design	材料 Material	表面形态 Surface pattern	表面处理技术 Surface treatment technology	感性特征 Sensibility characteristics
选材、肌理、光泽度、色彩计划、表面处理的方法、表面处理的程度、附加视觉信息……	金属、合金、木材、毛、棉、皮革、纸、瓷、石、橡胶、合成纤维、塑料……	凹凸、平整、明暗、纹理、光泽、粗糙、光滑、柔软、彩度、图文……	涂装、压膜、研磨、腐蚀、打磨、电镀、抛光、化学、合成、烧结、铸造、雕刻、印刷……	清洁、华丽、时尚、典雅、自然、明快、安静、庄重、优雅、自然、亲切、浪漫、温馨、可爱……

（表来源：自制）

6.1.4 利用状况（Utilization status）

利用状况——用户、工作装置以及产品使用的物理和社会环境。

Context of use——Users, work devices and products used in physical and social environment.

物理环境。

Physical environment.

用户使用状况：人体尺度差异、认知差异、体能差异、无意识行为，等等。

User status: human scale differences, cognitive differences, physical differences, unconscious behavior，etc..

产品使用状况：产品形态和尺度、界面合理度和清晰度，等等。

Product Usage: Product form and scale, a reasonable and clarity interface, etc..

自然使用环境：季节、气候、温度、湿度，等等。

The natural environment: the season, climate, temperature, humidity, etc..

社会环境：

Social environment:

1.不同文化的对应，注意用户的语言、习惯、宗教等的文化背景的不同；

Correspond to different cultures, attention to the user's language, customs, religion and other cultural differences;

2.通过设计引导人的行为；

Guide people's behavior through the design;

3.对应用户的无意识行为并加以强化；

Corresponding to the user's behavior and to strengthen the unconscious;

4.贴近用户的文化、经验以及日常生活背景；

Close to the user's culture, experience and background of daily life;

5.符合动作原理；

In line with the action principle;

6.行为的预测与支持。

Behavior prediction and support.

6.2 可用性评价（Usability evaluation）

可用性评价一般指特定的用户，在特定的使用环境下，实现某个产品的特定用途时，所具有的效率、效用和用户满意程度。它可以包括：有效性（Effectiveness）、效率（Efficiency）、满意度（Satisfaction）和利用状况（Context of use）。可用性评价主要采取行为观察、问卷和谈话分析等方法，了解用户的主观反映，从测试评估的数据中找出提高产品使用性的线索，从而在进一步的产品改良设计中得以应用。

可用性评价不仅是对各个功能的方便好用的评价，而且进一步的是对一系列连续动作能否顺利完成的评价，涉及操作性、认知性和舒适性问题，涉及人机工学、认知工学、感性工学等多领域的研究，并且外延还扩展到人类学、心理学、行为学等领域所涵盖的内容。在交通工具这类与人类、社会、地域等因素密切相关的复杂产品设计时，尤其应该重视可用性评价，借以指导设计师发现问题、解决问题，并寻求更为理想的设计创意。

6.2.1 操控和可用性评价（Control and usability evaluation）

体现在产品和用户的相互关系中，就移动交通系统而言，交通工具、标识标线、服务设施和服务系统等，涉及用户使用（操控）都有可用性评价的必要。就这些产品或系统设施设计，从用户的角度对其使用过程中所感受到的对应产品的操控有效性、易学性、高效性、易记少错、舒适满意度等质量指标进行评价，是十分重要的。

到目前为止，仅有IEC/TR61997推出了使用界面质量的评价分类：

★，一颗星代表被评价产品的主要功能可以容易地操作；

★★，二颗星代表被评价产品的全部功能可以容易地操作；

★★★，三颗星代表被评价产品的全部功能可以轻松、愉快地被操作。

参照这样的评价分级，我们可以对操控界面进行可用性评价。

6.2.2 可用性评价实验方法（Usability evaluation methods）

在测试可用性及用户对产品的接受程度方面，可用性测试已经成为最重要和被最广泛使用的方法之一。对可用性测试的最佳诠释（图6-2）就是把一个产品放到一个试验性的市场中。在测试中，受试者代表该产品的目标用户群，他们被放到经过精心设计的模仿一个产品或是程序在真实使用中将出现的情境（scenarios）中去。

可用性测试是指在设计过程中被用来改善易用性的一系列方法。可用性专家为用户提供一系列操作场景和任务让他们去完成，这些场景和任务与产品或服务密切相关。通过观察，发现过程中出现了什么问题、用户喜欢或不喜欢哪些功能和操作方式，原因是什么，从而拿出改进方案。因此，对产品进行可用性测试，能够帮助尽早发现产品中可能会出现的使用问题，并在产品开发或正式投产之前给出改进建议，以较小的投入全面改善产品，节约开发成本。

其内容主要有三个方面：

1.产品用户模型的研究（Research on product user model）：可用性设计范畴里的用户研究是主要针对可用性设计的用户研究，有自己独特的方法和途径。通过对用户的工作环境、产品的使用习惯等研究，使得在产品开发的前期能够把用户对于产品功能的期望、对设计和外观方面的要求融入产品的开发过程中去，从而帮助企业完善产品设计或者探索一个新产品概念。

2.交互设计的研究（Research of interaction design）：在设计方面，目前大多数公司都还只是注重创意，在可用性方面却考虑甚少。如工业设计方面往往多注重造型，界面设计公司则强调平面设计，对于用户的体验设计考虑甚少，普遍缺乏交互设计和可用性的研究。

3.产品设计的检测和评价（Detection and evaluation of product design）：可用性测试是一个评估可用性水平的过程（图6-2），它能评估用户实现任务的效率性和效力性。它是一个标准化的方法，使得每个应用的各个方面都能满足用户的友好性、功能性和艺术性方面的要求。

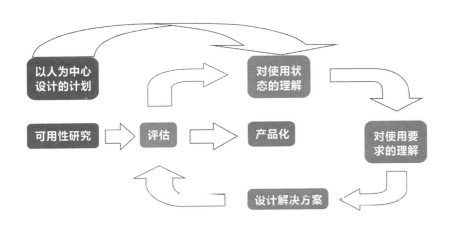

图6-2
可用性测试的图释
（图片来源：白绘）

方法：

让真正的用户来进行用户测试是最基本的可用性方法，并且从某种意义上来说是一种不可替代的方法。它告诉我们有关人们如何使用产品的直接信息，以及被测试界面的确切问题所在。同时，以下方法也都可以很好地帮助我们以更低廉的成本来收集其他方面的信息，或者得到有关可用性问题的见解。

在可用性测试中，需要注意其中的可靠性和有效性问题。可靠性指的就是当重复进行测试的时候，是否还会得到与原来一样的结果；而有效性指的是所测试的结果是否能真实地反映出想要测试的可用性问题。

可用性评估的方法主要包括：可用性测试（Usability testing）、启发式评估（Heuristic evaluation）、认知走查法（Cognitive walkthrough）、行为分析（Action analysis）等。

这里主要介绍可用性测试方法。

可用性测试是测试者邀请用户使用设计原型或产品完成操作任务，并通过观察、记录和分析用户行为和相关数据，对界面可用性进行评估的一种方法。可用性测试能够对界面的可用性进行全面的评估，是最为常用的方法之一。它适用于产品界面和界面设计中后期界面原型的评估。可用性测试通常在一个备有摄像和监视装置专门的实验室内进行。

6.2.3 参与人员和评估对象（Participants and evaluation objects）

可用性测试的参与人员包括多名测试人员和用户。测试人员中，一人为主测试者，负责引导用户完成测试，并直接观察用户操作。其他为观察者，仅通过监视装置观察和记录用户的行为反应。用户通常分别单独完成测试。

参与可用性测试的用户应当具有代表性，是产品的目标用户或具有相同性质，以免影响测试的准确性和有效度。

可用性测试的评估对象是产品或设计原型。

6.2.4 评估过程和评估结果（The evaluation process and results）

可用性测试主要包括5个步骤：

1.确定测试计划；
2.准备评估对象和测试设备；
3.招募用户；
4.正式测试；
5.分析结果并撰写报告。

测试计划需要确定测试目的和目标。测试前，测试者要准备好评估对象和测试设备并招募用户。测试过程中，主测试者负责引导用户完成测试。用户利用产品或原型完成测试任务，观察者负责观察和记录用户的行为反应数据。测试完成后，测试者们对结果进行分析并撰写报告。

测试过程中，多种方法可以用以收集用户的行为反应数据，其中包括：

1. 直接观察法；
2. 大声思维法；
3. 访谈法；
4. 问卷法；
5. 录像记录法。

6.2.5 可用性测试的内容（Usability testing content）

可用性测试主要包含以下内容：任务操作的成功率、任务操作效率、任务操作前的用户期待、任务操作后的用户评价、用户满意度、各任务出错率、二次操作成功率、二次识别率、用户操作过程中各认知维度（视产品情况而定）等。

6.2.6 可用性测试花费的时间（Usability testing time）

典型的可用性测试，需要两周的前期沟通和准备，一个星期测试，两个星期提交分析报告。根据测试的内容及项目规模作调整。

6.2.7 可用性测试的文档（Usability testing documentation）

可用性测试的文档主要包括：目标用户筛选文档、日程安排文档、用户背景资料文档、用户协议、测试脚本、测试前问卷、测试后问卷、任务卡片、测试过程检查文档、过程记录文档、测试报告、影音资料（DVD）等。

7

第七章 作业案例
DESIGN CASES

【本章要点】
1.行为观察的练习
2.发现问题的练习
3.可用性评价及解决方案
4.综合设计练习

7.1 行为观察的练习（Behavioral observation exercises）

7.1.1 关于校车设计的行为调查——男性小学生乘车的无意识行为调查（The unconscious behavior survey of male passengers i.g. elementary school students）

作者：王蔚、任子达、方俊楠、金诗行、马帅
导师：陈苑、阿图鲁（DAMZ，助教）

无意识行为一：

背书包就坐
Sitting with school bag

分析：Analysis

通过对小学生和中学生在书包放置行为的对比，总结小学生此种无意识行为两方面的原因（Two reasons）：

生理原因：公交车座位宽度根据成人标准设计，对于小学生来说很宽，背着书包坐下也不会觉得挤。相对而言，中学生的身体结构接近成人，为避免拥挤，他们会有意识地将书包取下置于前方。

心理原因：
1.小学生背着书包会缩小前方的空间，从而心理安全感得以增强。
2.小学生书包中并不会放贵重物品，再加上小学生的防盗意识较差，不会因为书包背在后面而产生顾虑；相对而言，中学生在这方面的意识会强很多。

图7-2

图7-3

无意识行为二：

大声交谈+大幅度身体前倾
Talking loudly + body leaning forward substantially

男小学生 Male elementary school students

小学生在乘坐公交车时会和旁边的同伴不停地聊天，而且声音很大，旁若无人。在交谈过程中，身体会无意识地前倾。
Talking loudly + body don't have direct contact with the seat.

男中学生 Male middle school students

中学生在乘坐公交车时基本在玩手机，和同伴交谈也会控制声音，且后背不会离开靠背。 Middle school students play the mobile phone in the bus. They talk with each other controlling the level of their voice, and their back have complete contact with the chair.

第七章　作业案例

无意识行为二：
大声交谈+大幅度身体前倾
Talking loudly + body leaning forward substantially

分析：Analysis

总结小学生此种无意识行为两方面的原因（Two reasons）：

生理原因：男小学生活泼好动，加之座椅空间太宽，为了缩短交谈的距离，他们在交谈中会把身体向前倾斜。

心理原因：小学生心理尚未成熟，在各种场合嬉笑玩闹，不会考虑其他乘客的感受，一切以自我感受为中心，所以在聊天时不会去控制音量。

图7-4

图7-5

无意识行为三：
双手抓握前方物体
Grasping the objects in front of the students' hands

男小学生 Male elementary school students

男中学生 Male middle school students

小学生在乘坐公交车时会无意识地用双手去抓握前方的固定性物件。Inside bus, elementary students grab objects unconscious with both hands.

中学生在乘坐公交车时双手很少抓握前方物件，而呈空闲状态或玩手机。Middle school students seldom grasp the objects in front of their hands during the bus trip. They prefer play the mobile phone.

无意识行为三：
双手抓握前方物件
Grasping the objects in front of the students hands

分析：Analysis

通过对小学生和中学生的行为对比，总结小学生此种无意识行为两方面的原因（Two reasons）：

> 生理原因：由于座位对于小学生过于宽大，公交车行驶过程中不停地颠簸，因此小学生抓握前方固定性物件以增加身体稳定性，避免发生危险。而中学生用双腿足以稳定身体，没有必要用手。

> 心理原因：小学生抓握固定性物件，是追求安全感的一种无意识的行为流露。

图7-6

图7-7

无意识行为四：
视线频繁转移
Frequent transfer of the view

男小学生 Male elementary school students

男中学生 Male middle school students

小学生在乘坐公交车时,视线会不停地移动,或聊天或环顾车内或看窗外。 Elementary students frequently transfer their views to different points during the bus trip, and there is not a special focus area. They keep talking or look around or look through the window.

中学生在乘坐公交车时视线很固定,要么玩手机,要么看窗外,要么发呆。 The sights of middle school students are focus in one point, such as playing cellphone or looking through the window or being in a daze.

第七章 作业案例

无意识行为四：

视线频繁转移
Frequent transfer of the view

分析：Analysis

通过对小学生和中学生的行为对比，总结小学生此种无意识行为两方面的原因（Two reasons）：

生理原因：小学生活泼好动，注意力不容易集中，由于周围环境嘈杂，他们的注意力很容易受到周围事物影响而产生转移。相比之下，中学生容易注意力集中做一件事。

心理原因：小学生的好奇心理强，需要通过对周围事物不停地观察来满足其好奇心。中学生则对周围事物表现较冷漠，而专注于电子产品。

图7-8

图7-9

无意识行为五：

膝盖顶到前方障碍
Obstacles in front of the knee

男小学生 Male elementary school students

男中学生 Male middle school students

小学生在乘坐公交车时，膝盖会无意识地顶到前方障碍物。
The knees of the elementary school students have direct contact with the obstacles in front of them during the bus trip.

中学生在乘坐公交车时，双腿一般斜着放在前排座椅的侧面，很少去用膝盖顶到前方。Middle school students' legs usually put sideway to avoid contacting with obstacles in front of them, rarely keep legs in contact with objects in front.

无意识行为五：

膝盖顶到前方障碍
Obstacles in front of the knee

分析：Analysis

通过对小学生和中学生的行为对比，总结小学生此种无意识行为两方面的原因（Two reasons）：

生理原因：宽大的座位前方空间足以让小学生背着书包，膝盖顶在前面也不会觉得拥挤，而且这样还有助于固定身体。而对中学生来说，这种空间显然有些挤，所以双腿一般会斜放以减少拥挤感。

心理原因：小学生用膝盖顶住障碍物其实也是追求安全感的一种无意识行为，而中学生追求的则是空间自由的感觉。

图7-10

图7-11

其他无意识行为：

右手支撑窗框，左手无意识地摆弄胸前的挂件。
The right hand support window frame, the left hand play the pendants.

交谈中双手无意识地把玩物件
When students talk, their hands keep playing things.

无意识地把玩物件 Student can't stop playing things unconsciously with their hands.

无意识地用手抓握侧面的固定杆 Hands grip the fixed handle at the side of them unconsciously.

第七章 作业案例

7.1.2 关于轿车驾驶舱设计的行为观察与分析——女性驾驶员的有意识和无意识行为调查（Behavior observation and analysis of driving space design—Conscious behavior and unconscious behavior survey of female drivers）

作者：张永阁、赖鹏、朱文鑫、樊永真、曹开杰
导师：陈苑、阿图鲁（DAMZ，助教）

目标用户调查

——女驾驶员　Female drivers

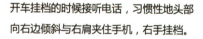

有意识　　潜意识

分析

有意识行为：右手挂挡，左手拿手机，
　　　　　　头部向右偏。
潜意识行为：用头和肩膀夹住手机。

开车挂档的时候接听电话，习惯性地头部
向右边倾斜与右肩夹住手机，右手挂档。

The driver answers the phone when the car is in gear. The head usually tilted to the right, with the right shoulder the mobile phone is gripped and the gear is shifted by the right hand.

Analysis

Conscious behavior: the right hand controls the gear, left hand holds the mobile phone, head to the right.

Unconscious behavior: The mobile phone is shifted by the head and the shoulder.

图7-12

目标用户调查

——女驾驶员 Female drivers

有意识　　　潜意识

分析

有意识：视线转向后视镜，观察车后情况。

潜意识：左手握方向盘，右手接听电话。

倒车时左手操作方向盘，右手接听电话，视线转向后视镜。

When they are driving in reverse, they control the steering wheel with their left hand, and answer the phone with their right hand. Meanwhile, they should pay attention to the rear-view mirror.

Analysis

Consciousness: pay attention to the rear mirror, and observe the road condition.

Unconsciousness: control the steering wheel by the left hand, and control the mobile phone with the right hand.

图7-13

目标用户调查

——女驾驶员 Female drivers

有意识　　　潜意识

分析

有意识：左手挂挡。

潜意识：视线看向前方。

右手接电话的时候左手挂挡，视线看向前方。

While the right hand is busy holding the phone, driver shift gears with the left hand, and pay attention to the road ahead.

Analysis

Consciousness: shift gears with left hand.

Subconscious: pay attention to the road ahead.

图7-14

目标用户调查

——女驾驶员　Female drivers

有意识　　潜意识

路上偶遇熟人，放慢速度按喇叭，打招呼，同时看向熟人。

When they meet acquaintances, they will slow down the speed and honk the horn to say hello. Meanwhile, they will look the acquaintances.

分析

有意识：放慢车速，看向人群。
潜意识：按喇叭打招呼。

Analysis

Consciousness: slow down, look the acquaintances.
Subconscious: honk the horn to say hello.

图7-15

图7-16

目标用户调查

——女驾驶员　Female drivers

有意识　　潜意识

单手操作滑动方向盘的时候，习惯用手掌推的方式。视线看向前方。

Driver is used to control the steering wheel with the palm of one hand and keep sight ahead to the road.

分析

有意识：视线看向前方。
潜意识：手掌推方向盘。

Analysis

Conscious: see the road ahead.
Subconscious: pushing and controlling the steering wheel with the palm of one hand.

目标用户调查

——女驾驶员 Female drivers

有意识　　潜意识

分析

有意识：车速减慢，视线下移，左手握方向盘。

潜意识：手机放进右下边的槽里。

Analysis

Conscious: slow down, distractlon, controlling the steering wheel with their left hand.

Subconscious: putting the mobile phone into the right slot.

放下电话的同时车辆减速，视线随着握着手机的右手下移。手机习惯性地放在右下边槽里，左手握方向盘。

The car slow down as they are putting down the mobile phone. They used to put it on their right side, when they look for a place to put the mobile phone. They usually be distracted from driving. They put the mobile phone into the right slot and control the steering wheel with their left hand.

图7-17

图7-18

目标用户调查

——女驾驶员 Female drivers

有意识　　潜意识

分析

有意识：视线看向前方，左手握方向盘。

潜意识：右手放在档位上。

正常行驶的时候习惯性地把手放在档位手柄上。视线看向前方，左手握方向盘。

In general, they put their hand on the gear lever and keep eyes on the road ahead. They control the steering wheel with their left hand.

Analysis

Conscious: keep eyes on the road ahead, the left hand hold the steering wheel.

Subconscious: the right hand is on the gear lever.

第七章　作业案例

目标用户调查

——女驾驶员　Female drivers

有意识　潜意识

分析

有意识：左手握方向盘，视线看向前方。
潜意识：右手无意识地划一下档位。

Analysis

Conscious: the left hand hold the steering wheel, keep eyes on the road ahead.
Subconscious: the right hand is used to touching the gear lever unconsciously.

车辆正常行驶时，右手无意识间习惯性地划一下档柄。左手握方向盘。视线看向前方。

In vehicle's normal running process, the right hand is used to touching the gear lever unconsciously. The left hand hold the steering wheel and keep eyes on the road ahead.

图7-19

图7-20

目标用户调查

——女驾驶员　Female drivers

有意识　潜意识

分析

有意识：视线看向前方，左手主握方向盘。
潜意识：右手成放松状态搭在方向盘的下边。

Analysis

Conscious: keep eyes on the road ahead, the left hand hold the steering wheel.
Subconscious: the right hand is relaxed to touch the steering wheel.

正常行驶的时候，习惯性地用左手把握方向盘，右手呈放松状态地搭在方向盘的下边，视线看向前方。

In general, people used to holding the steering wheel by the left hand. The right hand is relaxed on the steering wheel and keep eyes on the road ahead.

目标用户调查

——女驾驶员 Female drivers

有意识

潜意识

转弯的时候，全神贯注的看向前方，精神处于集中状态。身体右倾，双手紧握方向盘。视线看向转弯处。

When turn a corner, they should pay attention to the road ahead, lean to the right, hands hold the steering wheel and keep eyes on the corner.

分析

有意识：双手紧握方向盘，精神高集中，视线看向转弯处。
潜意识：身体右倾。

Analysis

Conscious: hands hold the steering wheel, pay attention to driving, keep eyes on the corner.
Subconscious: lean to the right.

图7-21

图7-22

目标用户调查

——女驾驶员 Female drivers

有意识　　潜意识

分析

有意识：视线看向前方。
潜意识：双手交叉转动方向盘。

在双手操控方向盘的时候，习惯两手交叉转动。视线看向前方。

People used to control the steering wheel with hands folded, and keep eyes on the direction forward.

Analysis

Conscious: keep eyes on the direction forward.
Subconscious: control the steering wheel with hands folded.

第七章　作业案例

7.2 发现问题的练习（Practice of finding problems）

7.2.1 关于校车座椅的问题（About the school bus seat problems）

作者：王蔚、任子达、方俊楠、金诗行、马帅
导师：陈苑、阿图鲁（DAMZ，助教）

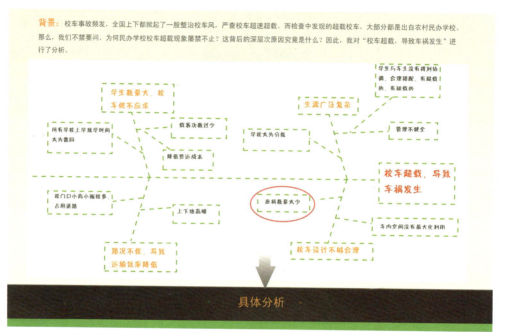

图7-23

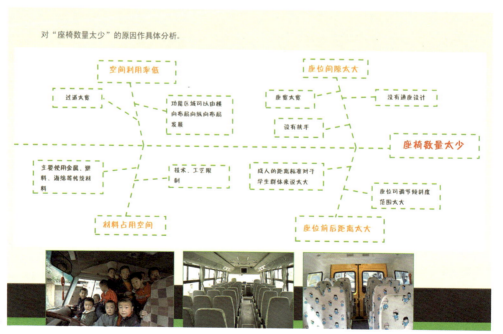

图7-24

背景： 许多学校买不起/不愿买校车，有人专门做了一笔"校车账"：一辆公交车可以全天运营，但校车在正常8小时工作时间是封存的，只有在上下学时开动。周六、周日不上学，"五一"、国庆长假不上学，更不要说算上几个月的寒、暑假，都要花钱养着空置的校车和司机，运营成本非常高，可以说没法盈利。我对"学校买不起/不愿买校车"的原因进行了分析。

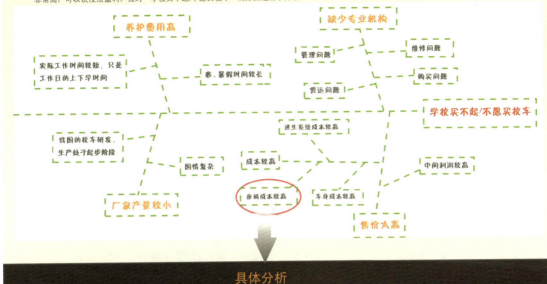

图7-25

对"座椅成本不能降低"的原因作具体分析。

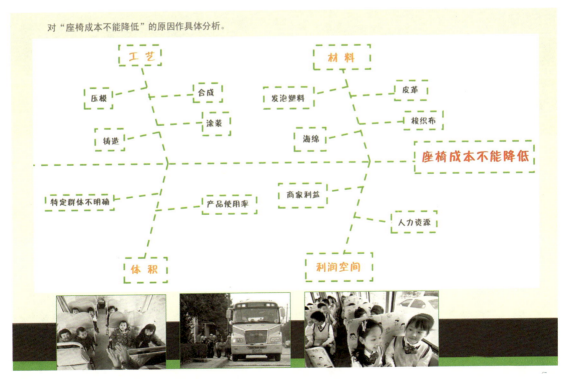

图7-26

第七章 作业案例

103

背景： 2012年4月16日（周一），中国美术学院09级人与移动方向的同学前往金华，参观了中国青年汽车集团金华青年汽车制造有限公司。方总在针对我们学生的问题进行解答时说道："美国的校车都是没有安全带的。"我想就"国外校车儿童座椅没有安全带"的问题进行分析。

国外校车的儿童座椅为什么没有安全带设计？

Why?——当事故发生时，安全带会阻碍学生逃生。
Why?——儿童会惊慌，不会调节、释放安全带。
Why?——调节释放安全带的步骤较多，容易混淆。
Why?——安全带设计太复杂，操作繁复。
Why?——没有针对儿童（小学/中学）进行简化。

图7-27

图7-28

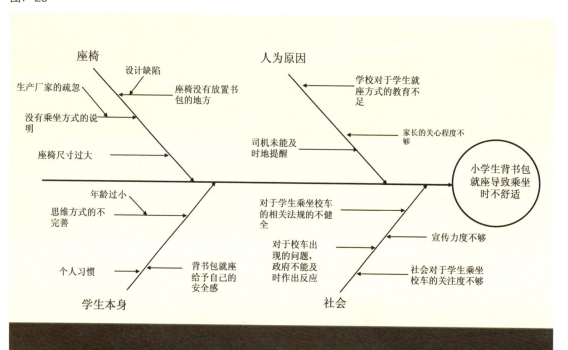

104　产品与移动·行为心理与操控设计

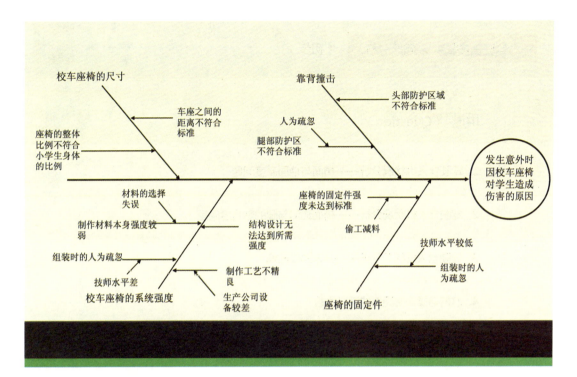

图7-29

7.2.2 关于驾驶员座椅的问题（Problems on the driver's seat）

作者：张永阁、赖鹏、朱文鑫、樊永真、曹开杰
导师：陈苑、阿图鲁（DAMZ，助教）

图7-30

一、驾驶员座椅——问题分析　（初步）

Problem analysis of the driver's seat (preliminary)

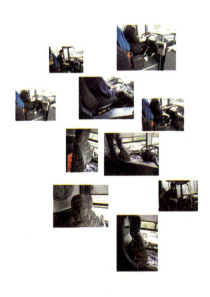

第七章　作业案例

105

一、驾驶员座椅——问题分析　（初步）

问题（Question）

1. 驾驶仓人机状况分析——椅面与地面高度问题
   Cockpit man-machine status analysis — the height of seat and the level of ground
2. 驾驶仓人机状况分析——椅面边沿与腿的贴合度问题
   Cockpit man-machine status analysis — the fit issue of the seat edge and the legs
3. 驾驶仓人机状况分析——开车颈部酸痛
   Cockpit man-machine status analysis — driving neck pain
4. 座椅与操作台距离的潜在危险
   Potential dangers because of the seat and console distance
5. 腰部酸痛麻木
   Lower back pain and numbness

图7-31

一、驾驶员座椅——问题分析　（初步）

6. 座椅背部对人体存在潜在的危害
   The seat back, a potential harm to the human body
7. 驾驶员腰部酸疼麻木
   Driver's waist pain and numbness
8. 椅面皮质材料不透气
   The leather surface of the chair is airtight
9. 驾驶员档位人机状况分析
   Man-machine status of the driver stalls
10. 驾驶员刹车和油门人机工程学分析
    The ergonomics analysis of the driver brakes and throttle

图7-32

1. 驾驶仓人机状况鱼骨图分析
Fishbone diagram analysis of cockpit man-machine status

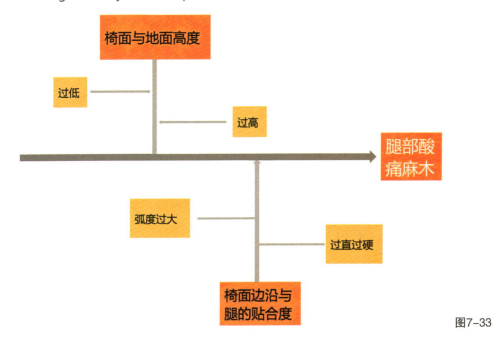

图7-33

2. 驾驶仓人机状况鱼骨图分析
Fishbone diagram analysis of the cockpit man-machine status

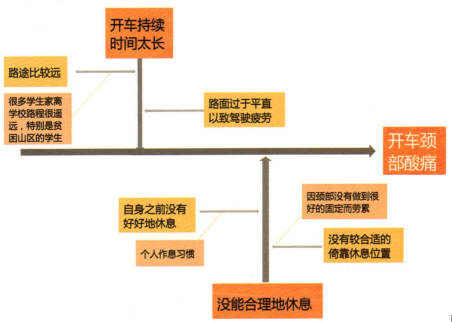

图7-34

第七章 作业案例

3. 驾驶仓人机状况鱼骨图分析
Fishbone diagram analysis of cockpit man-machine status

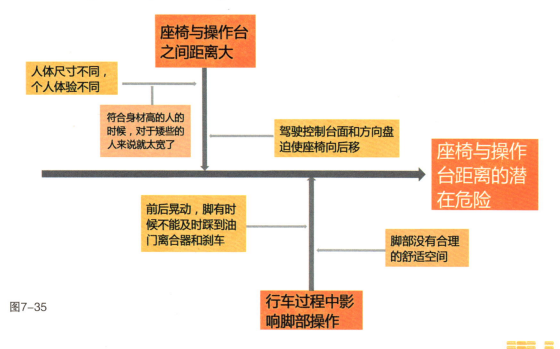

图7-35

4. 驾驶仓人机状况鱼骨图分析
Fishbone diagram analysis of cockpit man-machine status

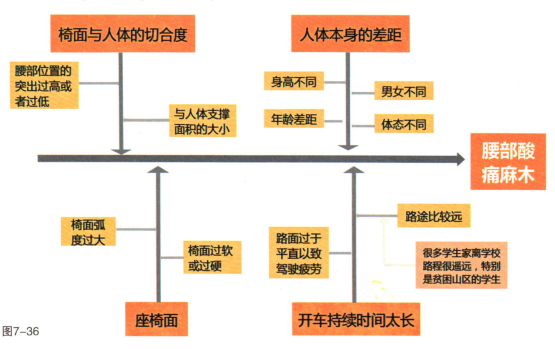

图7-36

5. 驾驶仓人机状况鱼骨图分析
Fishbone diagram analysis of cockpit man-machine status

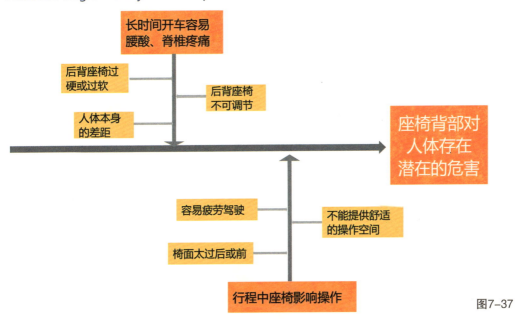

图7-37

6. 驾驶臀部位置舒适鱼度骨图分析
Fishbone diagram analysis of the comfortable driving hip position

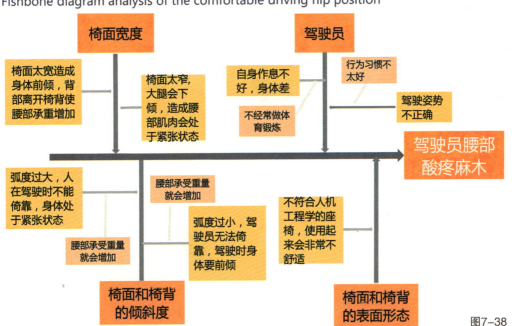

图7-38

第七章 作业案例

7. 驾驶员座椅的材料鱼骨图分析
Fishbone diagram analysis of the driver's seat material

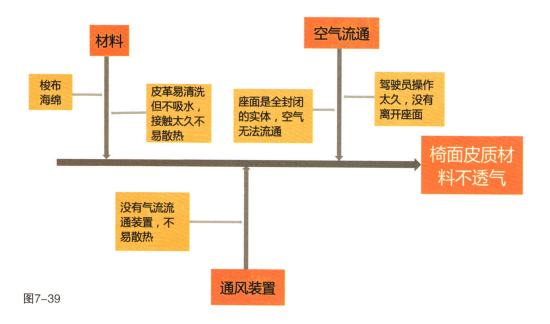

图7-39

8. 驾驶手臂部位置舒适度鱼骨图分析
Fishbone diagram analysis of the arm comfort in driving position

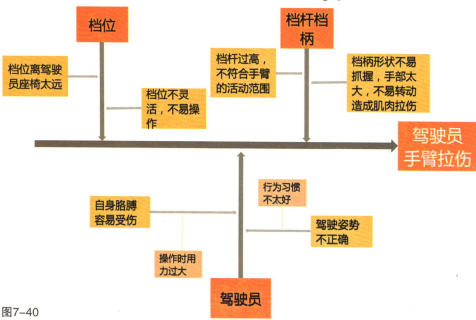

图7-40

9. 驾驶员刹车和油门鱼骨图分析
Fishbone diagram analysis of the driver brakes and throttle

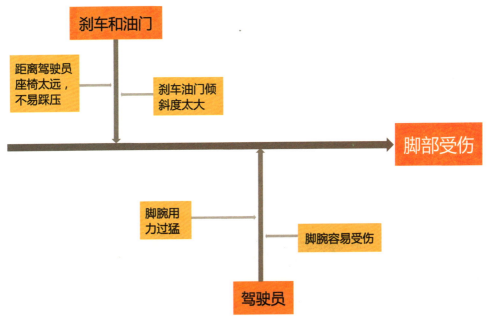

图7-41

7.3 可用性评价及解决方案（Usability evaluation and solutions）

7.3.1 现有校车座椅安全带的可用性评价（Usability evaluation of the existing school bus seat belt）

作者：王蔚、任子达、方俊楠、金诗行、马帅
导师：陈苑、阿图鲁（DAMZ，助教）

有效性问题及解决 Problems analysis and solution about effectiveness

使用有效性差

- 小学生初次使用或忘记方法时无法得到操作线索
- 安全带周边没有相应的指引性说明,卡扣上面也没有任何图像或文字说明

Solution: 前排座椅的靠背背面可以增添安全带的使用指引,方便阅读。卡扣上面也可增加箭头之类的指引性符号方便理解。

- 安全带卡扣形状设计没有使用户形成使用心理暗示

Solution: 可以将卡扣两端设计成拼合图像的形状,使小学生有种拼合的心理冲动。

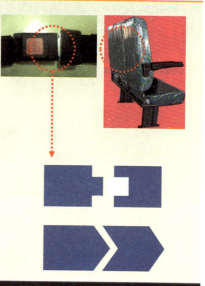

图7-42

图7-43

有效性问题及解决 Problems analysis and solution about effectiveness

使用有效性差

- 画面表示、操作顺序不明了
- 安全带上以及周边没有任何画面表示和操作顺序说明

Solution: 前排座椅的靠背背面添加图像性指引,既有趣味性,又便于说明问题。

- 没有对儿童有关的对象产品,系统形象,操作概念加以考虑
- 按照成人进行产品、系统和操作概念的设定,不符合儿童这个特定用户群体的要求

Solution: 必须按照儿童有关对象产品、系统形象和操作概念加以设计,使其符合对应用户的要求。

有效性问题及解决 Problems analysis and solution about effectiveness

使用有效性差

→ 使用不切合用户水平的信息，记忆负担加重

安全带上少量的信息都是按照成人接受水平设置，连同打开安全带的按钮上面都是大写英文"PRESS"

Solution：按照儿童接受水平设置信息，避免英文等语言使用，尽量少地出现专业术语，多以图像形式表现，汉语上方标注拼音。

图7-44

图7-45

效率问题及解决 Problems analysis and solution about efficiency

使用效率差

→ 对小学生身体构成潜在危害

→ 遇到突发事故不易打开安全带逃生

→ 小学生遇到事故不冷静，容易慌乱，忘记打开安全带

→ 安全带打开按钮一般设置在内侧，操作不太方便

→ 打开安全带需要双手操作，太复杂

Solution：安全带打开按钮设置在容易第一时间接触到的外侧，安全带可以有一个卡扣设计为固定卡扣，像汽车安全带那样，就可以单手按压，迅速打开安全带。

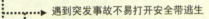

第七章 作业案例

效率问题及解决 Problems analysis and solution about efficiency

使用效率差

- 遇到紧急刹车或碰撞，无法保护颈部以上，容易受伤
- 大多数校车安全带都是腰部安全带，发生事故无法阻止上半身前甩造成头部或颈部撞击或扭伤
- 座椅靠背没有相应保护措施，突出物体容易造成碰撞伤害

> **Solution：** 使用类似汽车上的三点式安全带，有效保护上半身。座椅靠背上部软包，没有突出物体，避免碰撞头部造成伤害。

图7-46

图7-47

效率问题及解决 Problems analysis and solution about efficiency

使用效率差

- 小学生使用安全带身体感到痛楚
- 织带外部没有软包，容易勒疼使用者

> **Solution：** 增加织带软包，如果使用腰部安全带，软包可直接固定在织带上，如果使用三点抽拉式，考虑到安全带肩带会回卷，可设置活动软包，用户可以主动调节软包位置。

- 金属卡扣挤压腹部造成疼痛感

> **Solution：** 使用三点式安全带，卡扣在身体侧面，不与身体直接接触。

- 小学生生性活泼好动，容易与安全带产生摩擦

效率问题及解决 Problems analysis and solution about efficiency

使用效率差

- 操作别扭复杂，姿势不舒服
- 安全带无伸缩性，需要手动调节，操作微妙、繁琐
- 安全带直接放在椅子上，使用时需要事先拿起来再坐下

> **Solution:** 使用抽拉式安全带，不用的时候自动收起，无需事先拿，而且无需手动调节，可以给用户一定的活动范围。

- 不可单手操作
- 卡扣两端都需要用手固定才能实现扣住和解开的动作

> **Solution:** 使用抽拉式安全带，卡扣一端固定在座椅之间，实现单手拉出安全带和单手摁键解开的动作。

图7-48

图7-49

满意度问题及解决 Problems analysis and solution about satisfaction

使用满意度差

- 小学生毫无使用欲
- 设计太成人，色彩单调，造型僵硬，不复合儿童审美
- 使用之后没有直观的回报
- 小学生对安全保障并没有兴趣和认知，无法理解安全带的重要性

> **Solution:** 造型可爱圆润，色彩鲜艳，附带卡通形象，吸引小朋友去使用，使用后有某些直观的回报。另外，学校和家长要加强在安全教育方面的力度，让学生从根本上认识到使用安全带的重要性。

第七章 作业案例

满意度问题及解决 Problems analysis and solution about satisfaction

使用满意度差

→ 毫无使用乐趣和成就感，没有主动性

→ 使用得不到回报或奖励

Solution： 1. 设计一个直接和安全带使用配套的玩具，学生只有在使用安全带后，玩具方可启动；玩具安装在前排靠背后侧，与安全带形成电子感应，安全带扣上，玩具游戏才可以进行，学生为了玩游戏，会主动扣上安全带。

Solution： 2. 监护人有一个显示所有学生安全带佩戴状况的显示器，学生佩戴安全带会受到表扬，全部佩戴汽车方能启动，这样学生出于对集体荣誉感的维护，也会主动佩戴安全带。
　　每个座椅底部有重力感应装置，只有感应到重力（及有乘客）的座椅才会显示在监管员的显示器上。

图7-50

图7-51

利用状况问题及解决 Problems analysis and solution about use status

利用状况差

→ 物理环境问题

→ 用户使用状况考虑不周，包括人体尺寸差异、认知差异和无意识行为

Solution： 人体尺寸差异：根据儿童身体尺寸均值设计，抽拉式安全带可以根据尺寸不同适当自动调节。
　　认知差异：考虑小学生的文化水平和信息获取方式，多采用图画方式进行信息传递。
　　无意识行为：1. 背书包就坐——有安全带束缚，书包会取下；
　　　　　　　2. 东张西望，身体乱动，大声交谈——通过视线前方的玩具吸引学生注意力，使其不被其他事物吸引而试图解开安全带；
　　　　　　　3. 双手习惯性抓取物体——玩具需要双手操作。

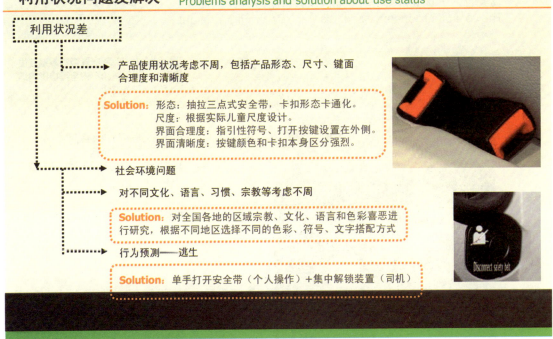

图7-52

7.3.2 现有校车驾驶员座椅的可用性评价（Usability evaluation of existing school bus driver's seat）

作者：张永阁、赖鹏、朱文鑫、樊永真、曹开杰
导师：陈苑、阿图鲁（DAMZ，助教）

驾驶仓人机状况分析——椅面与地面高度问题
The cockpit ergonomics analysis — chair and floor height

效率	座椅的大小和倾斜度直接影响驾驶员的驾驶,不舒适和不安全直接影响驾驶速度和驾驶安全	
有效性	1. 使得用户感到身体疲劳。 2. 不能减轻腰部负担。 3. 未能使得驾驶员有一个舒适的姿态	
满意度	未能与用户之间产生一种信赖关系	
使用状况	物理环境	不能满足所有人的尺度差异
	社会环境	——

图7-53

图7-54
驾驶仓人机状况分析——椅面边沿与腿的贴合度问题
The cockpit ergonomics analysis—The seat surface edge and leg fit issues

效率	1. 直板的椅沿没能贴合腿部自然曲线,容易压迫神经。 2. 没有能在人和机器之间建立起比较良好舒适的关系	
有效性	1. 对用户的身体构成危害和潜在危害。 2. 不能减轻腿部负担。 3. 未能使用户有一个舒适的姿态	
满意度	造型上过于简单,表面形态单一,未能给用户带来感性上的享受	
使用状况	物理环境	产品尺度和形态不佳
	社会环境	不太符合用户动作原理和姿势

驾驶仓人机状况分析
The cockpit ergonomics analysis

有效性	很少有颈部固定的功能，信息要素及人与机器之间没有建立起对应关系
效率	开车久了颈部过度劳累，影响开车效率，并且容易发生危险，没有做到减轻使用者身体的负担，没能提供给使用者舒适的姿势休息
满意度	没能关注用户的主动性，使用户可以按照自己的意志来使用
利用状况	物理环境：人体尺度的差异不明确，自然环境气候影响操作性。 社会环境：没能注意用户的行为习惯，没能做到符合动作习惯原理

图7-55

图7-56

驾驶仓人机状况分析
The cockpit ergonomics analysis

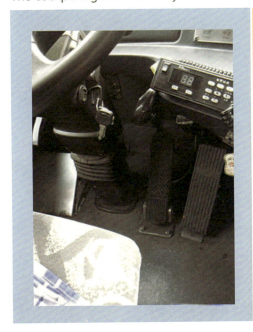

有效性	座椅的调节部位不太容易找到，没有保持信息与操作的连贯性。 没能提供便于用户判断使用状况的多方面信息
效率	对用户的身体构成潜在的危险，不能正确符合用户的舒适姿势
满意度	初次使用的用户很难适应，没能使用户按照自己的意志来选择操作
利用状况	物理环境：用户认知不明确，没处理好人体尺度差异，认知差异。 社会环境：没能正确地引导人的行为和使用要求

第七章　作业案例

驾驶仓人机状况分析
The cockpit ergonomics analysis

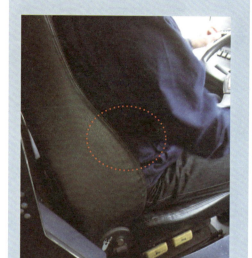

效率	座椅的腰部调节部位不太容易找到，没有保持信息与操作的连贯性。没能提供便于用户判断使用状况的多方面信息
有效性	开车久了腰部过度劳累，影响开车效率，并且容易发生危险，没有做到减轻使用者身体的负担，没能提供给使用者舒适的姿势休息
满意度	没能关注用户的主动性，使用户可以按照自己的意志来使用
使用状况	物理环境：用户认知不明确，没处理好人体尺度差异，认知差异。 社会环境：没能通过正确地引导人的行为和使用要求

图7-57

图7-58
驾驶舱人机状况分析
The cockpit ergonomics analysis

效率	座椅的背部调节部位不太容易找到，没有保持信息与操作的连贯性。没能提供便于用户判断使用状况的多方面信息
有效性	使用户的身体易感到疲劳，容易引发脊椎病等疾病。无法给驾驶员舒适的操作空间
满意度	无法激发用户的使用欲
使用状况	物理环境：产品的形态和尺度，无法满足操作者要求，存在认知差异。 社会环境：没能正确地引导人的行为和使用要求

驾驶员椅面椅背人机状况分析——椅面与椅背问题
Driver seatback ergonomics situation analysis — the seat and back problems

效率	座椅的大小和倾斜度直接影响驾驶员的驾驶，不舒适和不安全直接影响驾驶速度和驾驶安全	
有效性	1. 使得用户感到身体疲劳。 2. 不能减轻腰部负担。 3. 未能使得驾驶员有一个舒适的姿态	
满意度	用户对于不舒适的驾驶员座椅，身体处于疲惫状态，没有驾驶车辆的欲望	
使用状况	物理环境	不能满足所有人的尺度差异和无意识行为
	社会环境	不同的文化，语言、宗教、习惯……

图7-59

图7-60

驾驶员座椅材料分析
Driver seat material analysis

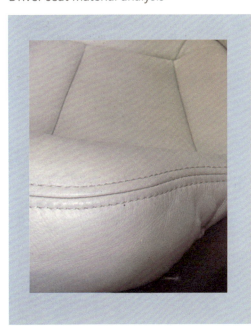

效率	皮质材料不易透气，用户使用时会产生困扰，增加心理负担
有效性	皮质材料容易清洗，但若损坏不易修补
满意度	皮质座椅开始使用时使用者比较满意，但随着时间的加长，由于其不透气，会引起使用者的烦躁感……
使用状况	物理环境：人的体能、季节、气候温度的差异。 社会环境：不同文化的影响、用户习惯、宗教等

第七章 作业案例

驾驶员档位人机状况分析
The ergonomics analysis of the driver gear

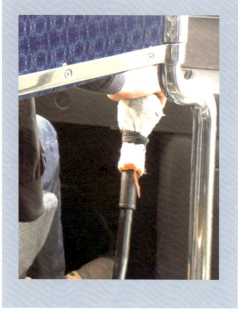

效率	档杆离驾驶员座椅位置太远或档杆太高，不易操作，操作速度降低，用力过大时容易受伤	
有效性	1. 使得用户感到操作困难。 2. 不能减少手臂的运动。 3. 活动范围过大不舒适	
满意度	档位过高或过远使用户操作时不方便，还增加了手臂的活动距离，促使手臂容易疲劳，使用者没有驾驶车辆的欲望	
使用状况	物理环境	不能满足所有人的尺度差异和无意识行为
	社会环境	不同的文化、语言、宗教、习惯……

图7-61

图7-62

驾驶员刹车和油门人机工程学分析
The driver brake and throttle ergonomics analysis

效率	刹车油门太远或倾斜度太大，脚部运动就会太大，造成操作时间变长，效率降低
有效性	太远的话，使用者不能有效地去操作，会造成操作紧张，而引发一些潜在危险
满意度	不易操作时，驾驶员就会处于高度紧张的状态，稍有不慎就会引发一些安全隐患问题……
使用状况	物理环境：人的体能、季节、气候温度的差异。 社会环境：不同文化的影响、用户习惯、宗教等

7.4 综合设计练习（Integrated design practice）

7.4.1 校车座椅安全带的设计（The design of the school bus seat belt）

作者：王蔚、任子达、方俊楠、金诗行、马帅

导师：陈苑、阿图鲁（DAMZ，助教）

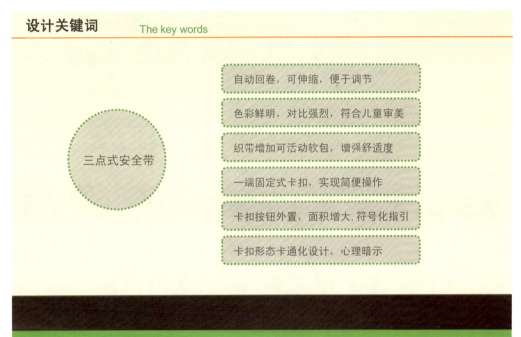

图7-63

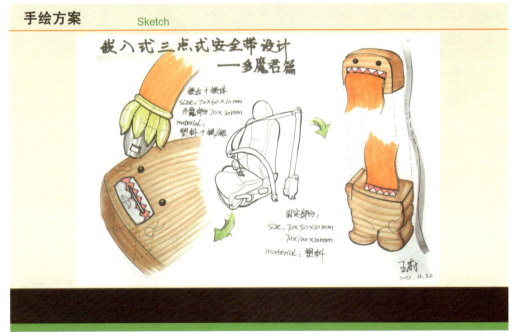

图7-64

设计说明 Design explanation

NO.1 改变双手操作，实现 单手操作。

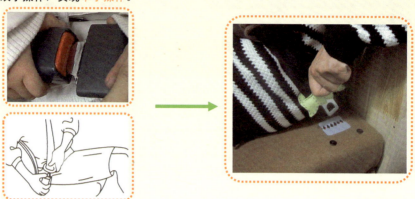

本设计的锁体为固定的，小学生单手拿住锁扣，直接就可以插入锁体。对于小学生而言，传统的双手操作使用效率较低，对他们的身体构成潜在危害，当遇到突发事故时不易打开安全带逃生，安全带打开按钮设置在容易第一时间接触到的外侧，小学生就可以单手按压，迅速打开安全带，不会错过逃生机会。

图7-65

图7-66

设计说明 Design explanation

NO.2 改变传统外置，采用 全嵌入式设计。

本设计采用全嵌入式设计，使安全带尽可能少地占用空间，实现空间的有效利用。使机械化部分隐藏在座椅之中，取而代之的是小学生更易接受的卡通图形。

设计说明　　Design explanation

NO.3　插口深度凹槽设计，提高使用效率。

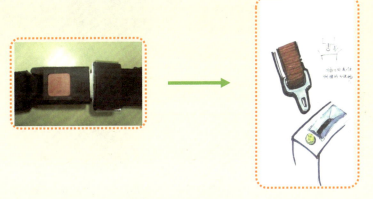

插口深度凹槽设计，位于锁体的顶部，较为细节化，使小学生更容易将锁扣插入锁体中，大大提高了使用效率，减少繁复操作。

图7-67

图7-68

设计说明　　Design explanation

NO.4　采用卡通造型设计，提高小学生的使用欲，增加了使用满意度。

传统的安全带设计太过成人化，色彩单调，造型僵硬，不复合儿童的审美标准，导致小学生毫无使用欲。本设计采用"多魔君"卡通造型，可爱圆润，色彩鲜艳，增加了产品的使用满意度。

设计说明　　Design explanation

NO.5　织带增加可活动软包，增强舒适度。

传统的安全带织带外部没有软包，容易勒疼使用者，小学生使用安全带时身体感到痛楚，导致使用效率差，因此设计织带软包，增强舒适度。因为其是三点抽拉式，考虑到安全带肩带会回卷，软包可活动、可拆卸，用户可以自主调节软包位置。

图7-69

图7-70

设计参数　　Design parameters

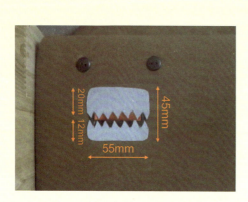

插口参数

软包参数

制作参数 Manufacturing parameters

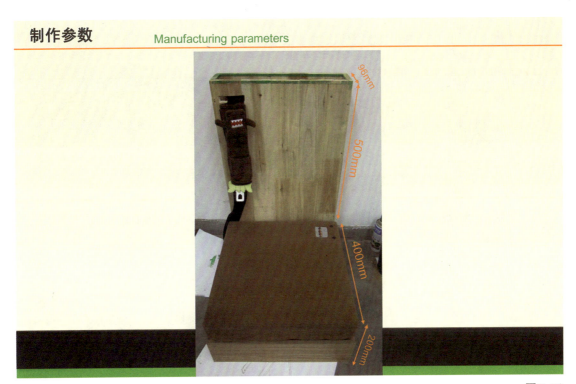

图7-71

图7-72

制作过程 Manufacturing processes

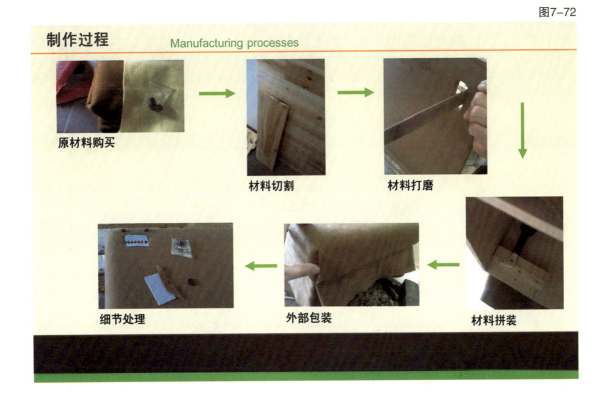

原材料购买　材料切割　材料打磨　细节处理　外部包装　材料拼装

第七章　作业案例

最后模型　Final model

图7-73

7.4.2　校车驾驶座椅设计（Design of the driving school bus seat）

作者：张永阁、赖鹏、朱文鑫、樊永真、曹开杰
导师：陈苑、阿图鲁（DAMZ，助教）

最大的舒适度

易操作　过小　　　　　散热　驾驶员　过大　　人机关系
　　　　颈部　可拆卸　布　　　　塑料
缓解疲劳　　　　　　座椅　椅面舒适的倾斜度　　编织
　　　缓解疲劳　舒适性　　易清洗　安全性　前后
靠背　　安全带 可调节　操作空间　　　颈部
　　过远　　　　　　　　皮革　　按摩　使用环境
腰部　　座椅面　接触面积
　材质　切合　凸出　　　上下　左右　符合人机关系
　　　　　过近　　　　操作界面
　　　　　弧度　过软　　　疲劳
　　　　　　　　　过硬
　腿部
　　　　　　　　脊椎
　　　麻痹

头脑风暴

图7-74

Solution – 1

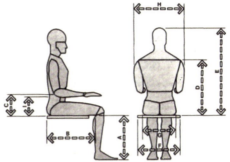

图7-75

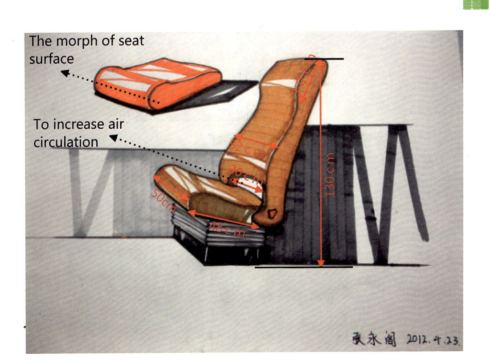

The morph of seat surface

To increase air circulation

图7-76

第七章 作业案例

最终方案

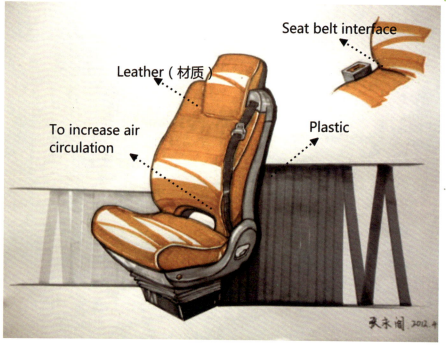

图7-77

制作过程

粘合

切割

磨平

图7-78

裁切多余部分

磨掉多余部分

图7-79

打磨

图7-80

第七章 作业案例

131

最终模型

图7-81

参考文献

[1] （美）迈克尔·R·所罗门（Michael R.Solomon）著. 消费者行为学（第8版·中国版）. 卢泰宏，杨晓燕译. 北京：中国人民大学出版社，2009.

[2] 范圣玺著. 行为与认知的设计——设计的人性化. 北京：中国电力出版社，2009.

[3] （USA）Julius Panero，Martin Zelni. Human Dimension & Interior Space. Whitney Library of Design. 1979.

[4] （美）阿尔文·R·蒂利，亨利·德赖弗斯事务所. 人体工程学图解——设计中的人体因素. 北京：中国建筑工业出版社，1998.

[5] 徐磊青编著. 人体工程学与环境行为学. 北京：中国建筑工业出版社，2006.

[6] Michael Sivak. Influence of the Visibility out of the Vehicle Cabin on Lane-change Crashes. November 2005.

[7] 杜子学主编. 汽车人机工程学. 北京：机械工业出版社，2011，10.

[8] 丁玉兰编著. 人机工程学（第三版）. 北京：北京理工大学出版社，2005，1.

[9] （美）Jef Raskin著. 人本界面：交互式系统设计. 史元春译. 北京：机械工业出版社，2011，1.

[10] （日）釜池光夫. 汽车设计——历史·实务·教育·理论. 张福昌等编译. 北京：清华大学出版社，2010，8.

[11] 周一鸣，毛恩荣编著. 车辆人机工程学. 北京：北京理工大学出版社. 1999，12.

[12] H·布雷斯，U·赛福尔特著. 汽车工程手册（德国版）. 北京：机械工业出版社. 2012，2.

[13] （英）D·A·柯尔主编，汽车工程手册（美国版）. 田春梅，李世雄等译. 北京：机械工业出版社，2012，1.

[14] 成艾国，沈阳，姚左平著. 汽车车身先进设计方法与流程. 北京：机械工业出版社，2011，5.

[15] 耿彤编著. 德国汽车设计理论. 北京：机械工业出版社，2012，3.

[16] （日）Masato Abe 著. 车辆操纵动力学. 喻凡译. 北京：机械工业出版社，2012，7.

[17] William J. Mitchell, Christopher E. Borroni-Bird, Lawrence D. Burns. Reinventing the Automobile, The MIT Press. 2009，2.

[18] SAE J1100 Revised. SEP 2005.

[19] SAE1050. 驾驶员视野的定义和测量.

[20] 唐纳德·A·诺曼. 设计心理学. 北京：中信出版社，2010，3.

[21] （美）Jesse James Garrett 著. 用户体验要素. 北京：机械工业出版社，2011，7.

[22] （德）B·海兴，M·埃尔斯著. 汽车底盘手册. 孙鹏译. 北京：机械工业出版社，2012，1.

[23] 陈新亚编著. 汽车为什么会"跑"——图解汽车构造与原理. 北京：机械工业出版社，2010，3.

[24] 江湘芸编著. 设计材料及加工工艺. 北京：北京理工大学出版社，2003，8.

[25] 闫卫编著. 工业设计师必备的材料与工艺常识. 北京：机械工业出版社，2009，3.

[26] 郑建启，刘杰成. 设计材料工艺学. 北京：高等教育出版社，2007，9.

[27] 江建民，毛荫秋，毛溪编著. 中英双语工业设计. 北京：中国建筑工业出版社，2009，12.

[28] 百度文库：孙建兵/Jackie.Sun. 汽车设计——总布置之H点设计.

[29] 百度文库：SAE_J1100-2005_机动车辆尺寸.

[30] 百度文库：eyellipse，A Pillar bland，front windshield view.